跨学科学习评价的理论与实践

张淑世　著

中国海洋大学出版社

·青岛·

图书在版编目（CIP）数据

跨学科学习评价的理论与实践 / 张淑世著. -- 青岛：
中国海洋大学出版社，2025.5. -- ISBN 978-7-5670
-4207-0

Ⅰ. G644

中国国家版本馆 CIP 数据核字第 2025E42X38 号

KUAXUEKE XUEXI PINGJIA DE LILUN YU SHIJIAN
跨学科学习评价的理论与实践

出版发行	中国海洋大学出版社
社　　址	青岛市香港东路 23 号　　　　邮政编码　266071
出 版 人	刘文菁
网　　址	http://pub.ouc.edu.cn
订购电话	0532-82032573（传真）
责任编辑	郑雪姣　　　　　　　　　　　电　　话　0532-85901092
印　　制	北京虎彩文化传播有限公司
版　　次	2025 年 5 月第 1 版
印　　次	2025 年 5 月第 1 次印刷
成品尺寸	185 mm × 260 mm
印　　张	13
字　　数	230 千
印　　数	1—1 000
定　　价	69.00 元

发现印装质量问题，请致电 010-84721811，由印刷厂负责调换。

前　言

在当下这个知识爆炸且科技迅猛发展的时代,知识的边界正以前所未有的速度模糊化。学科之间不再是彼此孤立的存在,而是相互交融、相互渗透,形成了错综复杂的知识网络。在这样的时代背景下,跨学科学习无疑成为培养能够适应未来社会挑战的创新型人才的必然选择和关键路径。

跨学科学习具有独特且不可替代的价值。它不仅仅是简单地跨越不同学科的界限,更是在打破学科壁垒的基础上,促进知识的深度融合与创新。在跨学科学习的过程中,学生不再局限于单一学科的思维模式和知识体系,而是能够接触到多元的观点、方法和视角。这使得他们能够将不同学科的知识有机地结合起来,形成更为全面、系统的知识结构。例如,在解决一个环境问题时,学生需要综合运用语文、美术、科学等多个学科的知识,从不同角度分析问题的成因,并提出切实可行的解决方案。这种综合运用多学科知识解决复杂问题的能力,正是当今时代对人才的多元化需求的核心体现。

教育评价作为教育教学过程中至关重要的一环,对跨学科学习的有效实施和深入推进起着关键的导向和推动作用。科学合理的教育评价能够准确地衡量学生在跨学科学习中的学习成果和能力发展,为教师调整教学策略、优化教学方法提供有力的依据,同时也能够激励学生积极参与跨学科学习,不断提升自身的综合素质。然而,传统的教育评价范式长期以来局限于对单一学科知识的考查,侧重于对学生记忆和理解能力的评估,忽视了学生在知识应用、创新思维和综合素养等方面的发展。这种评价方式难以全面、准确地反映学生在跨学科学习中的真实表现和能力提升,无法满足跨学科学习对评价的新要求。因此,构建符合跨学科学习特点和需求的评价体系,实现从传统评价范式向适应跨学科学习的评价范式的转型,已经成为教育领域亟待解决的紧迫而重要的课题。

本书紧紧围绕跨学科学习评价的理论与实践展开深入探讨,旨在为广大教育工作者、研究者以及相关政策制定者提供一个全面、系统且具有实践指导意义的参考资源。

本书首先从跨学科学习的教育价值与时代诉求出发,深入剖析其在当今社会发展中的重要地位和作用。通过对时代背景的分析,揭示跨学科学习对培养学生创新能力、实践能力和社会责任感的重要意义。同时,详细阐述核心素养导向下评价范式的转型,探讨如何将核心素养的培养目标融入跨学科学习评价中,实现评价目标的多元化和综合化。

在国际视野方面,本书对不同国家和地区的跨学科评价政策进行了全面的比较和分析。通过研究芬兰、美国、新加坡等教育发达国家在跨学科评价方面的政策举措和实践经验,总结其成功之处和值得借鉴的地方。同时,对中国自 2001 年以来跨学科评价政策的演进历程进行梳理,分析政策的发展脉络和趋势,明确中国跨学科学习评价在政策层面的背景和方向。

在理论基础部分,本书综合了建构主义、情境认知理论、大概念统整、社会文化理论以及具身认知理论等多个学科领域的前沿理论,为跨学科学习评价提供了坚实的理论支撑。这些理论从不同角度阐述了知识的建构、学习的情境性、知识的整合以及评价的生态性等关键问题,为构建科学合理的跨学科学习评价体系提供了理论依据和指导原则。

基于扎实的理论基础,本书系统地构建了跨学科学习评价框架。该框架涵盖了评价目标体系、评价内容体系和评价方法体系的构建,明确了跨学科学习评价的具体目标、内容和方法。同时,通过 STEM 项目评价量规开发示例,详细展示了如何将评价框架应用于具体的跨学科项目中,为教育实践工作者提供了具体的操作指南。

此外,本书还深入探讨了评价框架的设计原则与路径,包括:"逆向设计"理念在评价中的运用,强调从预期的学习成果出发,设计教学和评价活动;表现性评价与量规开发,通过具体的表现性任务和评价量规,全面评估学生在跨学科学习中的能力和素养;动态评价体系的构建,关注学生在学习过程中的发展和变化,及时调整评价策略和方法。

在课堂教学中的嵌入式评价实践部分,本书以语文、数学、英语、科学、艺术、体育与健康等学科为例,详细展示了跨学科学习评价在不同学科中的具体应用。通过具体的教学案例和评价实践,探讨如何将跨学科学习评价融入日常课堂教学中,实现教学与评价的有机结合,促进学生的全面发展。

随着信息技术的飞速发展,本书特别关注技术赋能评价工具的发展。详细介绍了大数据、AI、虚拟现实等先进技术在学业画像构建、过程性评价和情景模拟评价中的应用。同时,对数据隐私与伦理考量进行了深入探讨,强调在利用技术进行评价时,要充分保护学生的个人信息和隐私,确保评价的公正性和合法性。

在学科融合视角下,本书进一步细化了评价标准。分别针对数学与科学整合、人文社科类主题、艺术与科技结合等不同领域的跨学科学习,提出了具体的评价要点和指标体系。通过这些细化的评价标准,能够更加准确地衡量学生在不同学科融合领域的学习成果和能力发展。

在学校层面,本书构建了跨学科教学评价的教师胜任力模型,明确了教师在跨学科教学评价中应具备的知识、技能和素养。同时,探索了协同备课中的评价标准共建,强调教师之间的合作与交流,共同制定科学合理的评价标准。此外,还提出了教师评价素养的校本培训路径,为学校提升教师的评价能力和专业素养提供了具体的策略和方法。

在学生评价机制方面,本书设计了元认知能力培养与自我反思日志,帮助学生提高自我认知和自我管理能力。开发了同伴互评量规,促进学生之间的合作与交流,培养学生的批判性思维和团队合作精神。搭建了数字化工具支持的学生自主评价平台,为学生提供了便捷、高效的自主评价途径,促进学生的自主学习和自我发展。

本书还积极探索家校协同评价模式。设计了家庭项目式作业的评价,充分发挥家庭在跨学科学习中的作用,促进学生在家庭环境中的学习和成长。明确了家长参与的评价角色定位,引导家长积极参与到学生的学习评价中,形成家校教育的合力。建立了家校共育平台的评价数据共享机制,实现了学校和家庭之间评价数据的及时共享和有效沟通,为学生的全面发展提供了更加全面的支持。

在伦理问题方面,本书深入探讨了数据隐私与评价信息安全、评价公平性的保障策略以及学生心理健康与评价压力的平衡等重要问题。通过对这些伦理问题的分析和研究,提出了相应的解决策略和建议,确保跨学科学习评价在实施过程中符合伦理道德规范,保护学生的合法权益。

通过对国际案例的研究,本书详细分析了芬兰现象式教学评价模式、美国STEAM教育评价框架、新加坡21世纪素养测评体系等国际先进的跨学科教育评价模式。总结其成功经验和不足之处,为我国跨学科学习评价的发展提供了有益的借鉴和参考。

最后,本书展望了智能时代跨学科学习评价的未来趋势。包括:元宇宙与沉浸式评价场景设计,利用元宇宙技术为学生创造更加真实、生动的学习和评价环境;区块链技术在教育评价中的可信存证,确保评价数据的真实性和可靠性;跨学科素养的终身学习追踪机制,为学生的终身学习和发展提供持续的支持和保障。

希望本书能够为推动我国跨学科学习评价改革,构建科学、合理、有效的教育评价生态贡献一份力量,为培养具有创新精神和实践能力的高素质人才提供有力的支持。

目　录

第 一 章

跨学科学习评价的核心理念与政策背景

1.1 跨学科学习的教育价值与时代诉求

在知识经济快速崛起和全球化步伐持续加快的大环境中,各个社会领域正在经历深远的转型和整合。随着数字化技术的普及和全球产业链的深度整合,社会发展展现出了空前的复杂性和多样性。这种情况导致了对人才的需求结构经历了巨大的转变,那些拥有传统单一学科知识体系的人才,在应对各种复杂和不断变化的实际问题时,经常面临各种挑战和障碍。

以城市规划为例,城市规划不仅仅是建筑设计的简单布局,而且是一个需要综合考虑多个因素的复杂系统工程。从社会学的视角出发,有必要深度探究不同社群群体的居住需求和社区互动方式,以便构建一个和谐且适宜居住的社区环境;从经济学的角度出发,我们需要深入探讨城市土地资源的合理分配和经济增长的持续性,以确保城市经济的持续繁荣;从环境科学的角度来看,我们必须重视生态保护和资源的有效利用,以实现城市与自然环境之间的和谐共存。这一事实明确指出,具有多重技能和创新思维的人才,凭借他们丰富的知识结构和敏捷的创新方法,可以更有效地面对各种复杂和不断变化的实际挑战,并在劳动市场中受到广泛的欢迎。

根据世界银行发布的相关数据报告,过去十年里,对具有跨学科技能的专业人才的需求激增了近30%。在新兴产业的范畴内,这类需求的增长尤为突出。在人工智能这一领域,从业人员不仅需要精通计算机科学的编程基础知识,还需要对数学算法有深入的了解,以便更有效地优化模型性能;深入掌握心理学知识,有助于增强人与机器的互动体验;我们甚至需要深入研究哲学,思考人工智能发展的道德界限,以防止技术的滥用。在生物科技的研究和开发过程中,从药物的化学合成、药效分析到临床试验,每一个步骤都离不开生物学、化学、医学和工程学等多个学科知识的深度整合,任何一个环节都是不可或缺的。

《义务教育课程方案(2022年版)》精准地捕捉了这个时代的脉动,明确指出要加强课程内容与学生的经验和社会生活的紧密联系,并积极促进跨学科的主题学习。以上海的一所小学实施的"垃圾分类项目"为案例,这个项目成功地整合了科学、语文、美术等多个学科的知识。在科学课程中,学生们深入研究了垃圾分类的基本理念和技巧,探索了不同垃圾降解周期对土壤、水资源和大气环境的潜在影响,并努力培育他们的环保观念。在语文课程中,学生们充分利用他们的文字技能,编写了具有感染力和号召力的垃圾分类宣传文案,如"垃圾分类一小步,绿色生活一大步"和"垃圾分一分,环境美十分"。这些易于记忆的口号不仅推广了垃圾分类的相关知识,同时也激发了学生们的文学创作潜能。在美术课程中,学生利用他们丰富的创意和绘画能力,设计了色彩鲜明且充满创意的垃圾分类宣传海报,这些海报通过独特的视觉效果吸引了人们对垃圾分类的兴趣,从而提高了他们的审美鉴赏能力。

通过这种跨学科的学习方式,学生不仅深入掌握了垃圾分类的相关知识和技巧,而且在项目执行过程中,通过小组讨论和分工合作等多种方式,有效地提高了他们的沟通和协作能力,学会了倾听他人的意见、合理地分配任务和共同解决问题;在面对宣传效果不尽如人意和居民参与度较低的实际问题时,我们不仅锻炼了解决问题的能力,还学会了运用多学科的知识来分析问题、提出解决方案,并将其付诸实践;通过独特的宣传策略和海报设计,我们成功地激发了学生的创新思维,培育了他们敢于尝试和突破的精神,并充分展现了跨学科学习在教育中的重要价值。

1.2　核心素养导向下评价范式的转型

多年来,传统的教育评估方法主要侧重于学科知识的考核,并经常使用标准化的测试手段。这一评估方法在某种程度上有助于检测学生对于知识的记忆和理解水平。例如,通过选择题、填空题和简答题等多种题型,可以迅速评估学生在公式、定理和概念等基础知识方面的掌握水平。然而,在实际生活和未来工作环境中,批判性思维、创新能力、沟通协作能力等核心素质是解决复杂问题的关键因素。然而,传统的标准化测试方法具有显著的不足,很难对这些核心素质进行全方位的评估。例如,在评估学生的批判性思考能力时,采用标准化测试中的固定答案模式,学生很难充分地表达他们对某一问题的独到见解、深度分析和批判性思维。

在以核心素养为导向的教育评价模式中,有迫切的需求从仅仅关注知识的测试转向对学生综合能力的全面评估。以芬兰的"现象式学习"评估为例,它的评价标准覆盖了众多方面,既全面又深入。在整合知识的过程中,我们设计了一系列与日常生活紧密相关的实际问题场景,以测试学生是否能够将数学、物理、化学等多个学科的知识整合在一起,从而灵活地解决问题。例如,在解决一个日常生活中的能源使用问题时,学生需要综合应用物理、化学和数学中的能量转换、燃料和计算等方面的知识,以设计出一套既节能又高效的能源使用方案。

从批判性思维的角度来看,我们应特别重视学生在问题分析的深度、提出疑问的能力以及提出新见解的技巧。例如,在对某一历史事件进行传统的解读时,我们应该引导学生从多种视角思考,鼓励他们提出疑问,并根据丰富的历史资料和合适的逻辑为其提供新的阐释。团队合作能力的评估是基于小组项目的整体表现,这包括团队之间的沟通是否迅速和高效,任务的分配是否公正和合理,以及团队成员是否能够互相协助、互补,共同达成团队的目标。创新实践主要关注学生在项目中提出的创新方案和实践成果,例如,在一个环保项目中,学生提出的独特废物利用方法、新型环保材料的研发以及实际应用效果。通过这种全方位和系统性的评估方法,我们鼓励学生更加重视提高他们的综合素质,这样他们在将来就能更好地满足社会的发展要求,培养出具备创新思维和实际操作能力的高质量人才。

1.3 国际视野下的跨学科评价政策比较

经济合作与发展组织(OECD)在其《教育 2030》框架中构建了一个具有前瞻性和全面性的三层能力模型,这为跨学科评估提供了重要的理论基础和能力框架。基础工具性知识和技能构成了学生学习和生活的根本支柱,这包括但不限于扎实的读写算技能,比如能够流畅地阅读和准确地理解各种类型的文本,进行复杂的数学计算,以及掌握基础的语言表达和书写规范。

中间层是方法性能力,这是学生解决问题和适应社会的关键能力,包括批判性思维、沟通协作、信息处理等能力。批判性的思考方式使学生能够冷静地分析问题,而不是盲目地追随已有的观点,培养他们的独立思考、质疑和探索能力;有效的沟通和协作能力有助于学生在团队环境中有力地阐述个人观点,积极听取他人的看法,并共同完成各项任务,从而培育出团队合作的精神;学生的信息处理技巧让他们能在众多的数据中筛选、融合和应用有价值的信息,为问题的解决提供了坚实的基础。

最顶层的能力是元能力,包括学习、自我管理、创新和创造等能力,这些能力可以使学生在不断变化的环境中持续学习和成长。掌握学习能力可以让学生学会科学的学习方法,使他们能够独立制订学习计划和调整学习策略;学生的自我管理技巧有助于他们合理地规划时间、管理自己的情感,并确保他们在学习和生活中都能维持一种健康的状态;创新和创造的能力能够激发学生的创新思维,同时也能培养他们的创造力和实践能力。

在 PISA 2022 的跨学科素养评估中,"科学解释现象"的评价标准被划分为多个层次,这些层次都具有清晰的区别性和方向性。举例来说,高水平的学生具备运用复杂科学理论的能力,能够全方位、精确地解读各种现象,并能全面地考虑多个因素之间的相互作用。当他们探讨全球气候变暖的原因时,他们不只是深入地解释温室气体的工作机制,还能对人类行为、自然条件和地理环境等多个方面对气候产生的综合效应进行详尽的分析,并给出全方位和系统性的应对建议。然而,低水平的学生往往只能简略地描述现象,他们缺乏对原理的深度理解和应用能力,可能仅仅是简单地提到了天气变热,却不能深入分析背后的复杂原因和内在机制。

为了更清晰地比较不同国家的跨学科政策,我们制作了以下的表格(表 1-1)。

表 1-1　不同国家的跨学科政策

国家	政策重点	评价方式	典型案例
中国	强调课程内容与生活联系,开展跨学科主题学习	多元化评价,注重过程性和表现性评价	"垃圾分类项目",融合多学科知识,培养学生综合能力。学生通过科学探究、语文宣传、美术创作等多学科活动,全面提升环保意识、知识技能和综合素养
美国	重视 STEM 教育,强调学科融合	基于项目的学习和评价,注重创新和实践能力考查	"火星探测模拟项目",学生运用科学、技术、工程等知识完成任务。从模拟探测器设计、轨道计算到数据传输与分析,全方位锻炼学生的跨学科应用能力和创新实践能力

续表

国家	政策重点	评价方式	典型案例
日本	注重培养学生的生存能力,跨学科内容融入各学科课程	综合评价,包括课堂表现、作业、作品展示等	"社区环境调查项目",学生通过调查、分析,提出改善建议。运用地理、生物、社会学等多学科知识,对社区环境进行调研,提出切实可行的环境改善方案,提升学生的社会责任感和综合实践能力

另外,OECD、UNESCO 和 PISA 的全球核心素养框架在各个维度和焦点上都有所不同。OECD 更加注重关键技能的培育,涵盖了认知、社交和情感等多个领域,并着重于学生在知识吸收、问题解决和人际交往等方面的能力提升;UNESCO 强调,教育的目标是推动人的全方位成长,这包括文化、社会和经济等领域的综合素质,并着重于培养学生具有全球化的视角、文化的包容性以及可持续发展的意识;PISA 主要关注学生在真实环境中应用所学知识和技巧的能力,并通过解决实际问题来评估学生的整体素质。详细的信息可以参照 [加入"全球核心素养框架差异分析"的信息图]。通过深入研究这些国际评估框架和各国的政策,我们可以吸取其中的宝贵经验,为我国跨学科学习评价体系的建设提供参考。例如,可以在评价指标的设定、评价方式的选择、评价过程的实施等方面合理借鉴,使其更加符合我国的教育实际情况,具有更强的操作性和实效性。

1.4 中国跨学科评价政策演进(2001—2023)

从 2001 年的新课程改革开始,我国的跨学科评估政策经历了持续的进化和完善,每个发展阶段都反映了教育观念的刷新和教育实践的尝试。2001 年,《基础教育课程改革纲要(试行)》被正式公布,这份文件就像一颗种子,为跨学科的学习和评估打下了坚实的基础。该方法强调了课程内容的全面性,并设计了综合实践活动课程,为学生提供了一个超越传统书本知识束缚,在实际操作中培养综合技能的机会。例如,在某些学校进行的"小小发明家"实践活动中,学生需要将物理、化学、美术等多方面的知识综合应用,以设计和创造出属于自己的发明作品。在此过程中,学生不只是把理论知识运用到了实际操作中,也培养了创新思考方式。

从那时起,在课程标准的更新过程中,跨学科的内容和标准得到了不断的扩充。2011 年,义务教育各学科的课程标准(2011 年版)被公布,其中某些学科新增了跨学科的内容和标准。例如,在语文教科书里,科普文章的出现要求学生不仅要对文本内容有深入的理解,还需要掌握与之相关的科学概念,这正展示了语文学科与科学学科之间的紧密结合。透过科普文章的阅读,学生不仅增强了他们的语文阅读理解技巧,同时也扩展了他们的科学知识视角,并培育了跨学科的思考方式。

2017年,《普通高中课程方案(2017年版)》首次提出了学科核心素养的概念,这标志着一个关键的转变点,并促进了从跨学科评估到素养导向的转变。它不再只是专注于学生对知识的掌握,而是更加重视学生在学科学习过程中所培养出的核心能力和所需的品质。例如,在历史学科的研究中,我们不再仅仅关注历史事件的时间、地点和人物等细节,而是采用材料分析题和历史小论文等多种方式,来测试学生对历史事件的解读、分析和评估能力,从而培养他们的历史思维和人文修养。

2022年,《义务教育课程方案(2022年版)》进一步明确了跨学科主题学习的具体要求和实施途径,强调了在实际环境中测试学生综合运用知识来解决问题的能力。例如,在数学这一学科里,我们会设计一些与日常购物相关的场景问题,目的是让学生利用数学知识来计算价格、选择优惠策略、进行成本与效益的分析,从而评估他们在实际生活中应用数学知识的能力。通过这些实际的情境问题,学生可以更深入地认识到数学与日常生活之间的密切关系,并增强他们运用数学知识来解决实际问题的技巧。

表1-2展示了具体的政策变化路径。

表1-2 政策变化路径

年份	政策文件	主要内容
2001年	《基础教育课程改革纲要(试行)》	强调课程综合性,设置综合实践活动课程,为跨学科学习与评价奠定基础
2011年	各学科义务教育课程标准(2011年版)	部分学科增加跨学科内容和要求,促进学科间的初步融合
2017年	《普通高中课程方案(2017年版)》	提出学科核心素养,推动跨学科评价向素养导向转变,注重学生关键能力和必备品格的培养
2022年	《义务教育课程方案(2022年版)》	明确跨学科主题学习要求,强调真实情境考查,提升学生综合运用知识解决问题的能力

附:《义务教育课程方案》的原文摘要和专家的解读专栏。

原文中提出:"组织跨学科的主题学习活动,增强不同学科之间的联系,推动课程的综合实施,并强调实践的重要性。"

专家解释:这项政策要求突破学科的界限,以主题为导向,让学生在解决实际问题的过程中,能够综合运用多学科的知识和技能,从而培养学生的综合素质和创新能力。举例来说,在"校园植物探究"这一主题的学习过程中,学生有机会利用生物学知识深入了解植物的生长特点和分类方式;利用数学原理计算植物的数量并研究其分布模式;运用美术的专业知识绘制植物的图鉴,并设计相应的植物科普海报。通过这种实践性的活动,我们可以全方位地提高学生的整体素质,并培育他们的科学探索精神、数学思考方式以及艺术审美鉴赏力。

第 二 章

跨学科学习评价的理论基础

2.1 建构主义与情境认知理论的支撑作用

2.1.1 建构主义理论的核心要义与跨学科学习实践

建构主义的观点深刻地改变了传统知识观念中对知识的客观和被动接受的看法。该观点强调，知识不是一个孤立于学习者、静态地等待被接受的实体。相反，它是学生在特定的社会文化背景下，通过教师的指导、与同伴的合作以及各种学习资源，通过积极的探索、思考和交流等方式逐渐获得的。在这广阔的跨学科学习评估领域里，建构主义的理念就像一盏明亮的灯塔，为学生的知识建构提供了方向。

以"生态系统的探究"这一跨学科的研究项目为背景，学生们踏上了一段既充满挑战又令人惊喜的学术探索之旅。在此项目中，学生们不仅仅是学习生物学课本中的抽象生态系统概念，他们还会走出教室，深入大自然，对森林、湿地、河流等生态环境进行实地考察。他们细致地研究了各种生物的生存状况、不同物种之间的互动以及生态环境的持续演变。当学生们进行实地考察时，他们可能会遇到一些书本上从未触及的有趣现象，如某些生物的独特生存策略和生态系统中的微妙物质循环过程。

返回教室之后，学生们热情地加入了小组讨论，并分享了他们在实地考察过程中的观察、体验和困惑。每个人都表达了自己的观点，他们的思考在互动中产生了强烈的碰撞。部分学生提出了关于某一生物在生态环境中所扮演角色的独到见解，这激发了其他学生进行更深入的思考和讨论。当学生们翻阅相关的文献资料时,他们广泛地接触了生物学的专著、学术论文和科普纪录片等,并从各种不同的途径收集信息,以不断地丰富和完善他们对生态系统的理解。

在这一转变中,教师不再仅仅是传统意义上的知识传递者,而是演变成了学生学习过程中的指导者和推动者。当学生在现场考察时碰到难以解释的情况,教师会引导他们从不同的角度思考问题,鼓励他们提出假设并尝试验证。当小组讨论陷入停滞时,教师会及时提出一些能够启发思维的问题,以帮助学生突破思维的限制,完善他们的知识体系。经过这种跨学科的学习方式,学生们对于生态系统的认知已经超越了传统书籍中的固定模式,他们获得了更为丰富的实践经验和深入的洞察。

2.1.2　情境认知理论的内涵及其在跨学科学习中的应用

情境认知理论强调了知识与实际情境之间的密切联系,它主张学习不是在一个真空环境中进行的抽象智力活动,而是一个在真实和具体情境中进行的互动过程。在跨学科的学习环境中,基于情境认知理论构建的评估任务就像一把神秘的钥匙,有能力激发学生的学习兴趣和主动性。

以"城市交通拥堵解决方案"的跨学科教学为背景,学生们仿佛置身于真实的城市交通环境中。他们在城市的各条街道和小巷中穿梭,亲自查看交通流、道路情况以及交通设备的配置。我们采用了问卷调查和访谈的方法,来收集市民对于交通堵塞问题的意见和建议。在进行数据分析的过程中,学生们利用数学原理对所收集的数据进行了深入的统计与分析,并据此绘制了交通流量的变化图和拥堵路段的分布图,旨在从这些数据中揭示交通拥堵的模式和成因。

为了寻求高效的解决策略,学生们还借助物理学知识,对车辆的运动机制和交通信号的最佳配置进行了深入研究;利用地理学原理,探讨城市的地理特征和功能划分如何影响交通流动。在这一学习旅程中,学生们不只是获得了数学、物理和地理等多个学科的知识,更为关键的是,他们学会了如何巧妙地将这些知识应用于实际问题的解决,真正达到了学以致用的效果。

举例来说,一个小组的学生经过数据分析后发现,在特定的时间段内,某个路口的交通拥堵情况非常严重,这主要是因为信号灯的配时设置不合适和道路两侧停车数量过多所导致的。他们利用物理学的原理来确定信号灯的合适时长;利用地理学知识,为道路两侧的停车区域提供重新规划的建议。经过这种实际操作,学生们深深地感受到了知识在实际场景中的重要性和影响力。

2.2　大概念统整下的跨学科知识联结

2.2.1　大概念的核心地位与跨学科知识整合

大概念可以被视为学科知识的核心和精华,它就像一条无形却坚定不移的纽带,能够巧妙地将大量分散和孤立的知识点连接在一起,使它们形成一个有机的、相互联系的知识体系。在广泛的跨学科学习领域中,大概念起到了不可或缺的作用。通过其综合整合功能,我们能够精确地识别不同学科的交汇点和深层次的联系,从而实现知识的高效整合和连接。

以"可持续发展"这一概念为例,它具有深远的影响和丰富的内涵,横跨多个学科领域,就像一座桥梁,将不同学科的知识世界连接在一起。在生物学这一学科中,学生有机会从生物多样性的保护和生态系统的平衡等多个角度,对可持续发展有更深入的认识。对热带雨林中生物多样性的研究对于维护生态平衡具有至关重要的作用,同时也需要了解当前濒危物种的保护状况和所面临的各种挑战,并思考如何通过有效的生态保护措施来实现生物资源的可持续使用。

在地理学的领域内,学生有机会从资源合理使用和区域发展规划等多个方面进行深度的研究和讨论。对不同地域的自然资源分布模式进行分析,并探讨如何构建科学合理的资源开发战略,以实现资源的高效使用和可持续发展。本研究旨在探索如何在区域发展规划中平衡经济增长、社会发展和环境保护三者之间的关系,以构建一个可持续发展的区域模型。

在经济学这一学科中,学生可以将关注点集中在可持续发展的经济策略和相关政策上。对绿色经济、循环经济等新兴经济模式的运作机制和未来发展进行研究,分析政府在推动可持续发展过程中所实施的财政政策、税收政策和产业政策,探索如何通过经济手段引导企业和社会实现可持续发展的目标。

借助宏观概念的指导,学生可以跨越学科的界限,将各个学科的知识整合在一起,从而对可持续发展有一个全方位和深入的认识。这种跨学科的知识融合不仅为学生提供了丰富的知识储备,而且培育了他们从多种视角去思考问题的能力,从而提高了他们的整体素质。

2.2.2　基于大概念的学科交叉点设计与跨学科学习任务构建

在规划跨学科学习任务的过程中,教师应以宏观概念为中心,精心设计学科交汇点,以实现不同学科知识在学习任务中的自然整合和协同效应。

以"校园可持续发展项目"为背景,教师们围绕"可持续发展"这一核心理念,巧妙地策划了一系列的跨学科学习任务。在此项目实施过程中,学生首要任务是利用数学原理对学校资源的利用状况进行深入、细致的数据分析。他们对学校的水电使用数据、纸张消耗和食品浪费情况进行了统计,并通过数据分析来识别校园资源使用中的问题和潜在的优化空间。

然后,学生利用他们的科学知识来制订节能计划。他们对太阳能、风能等可再生能源在学校环境中的应用潜力进行了研究,设计了校园节水设备,同时也探讨了垃圾分类和资源回收再利用的有效途径。在此过程中,学生不仅获得了科学的知识和技巧,还培育了他们的创新思维和实际操作能力。

与此同时,学生利用他们的美术知识制作各种宣传海报。他们用精致的插图和简练的文字传达了可持续发展的思想,并向全校师生强调了校园可持续发展的关键性和实施策略。这批宣传海报不仅具有教育和宣传的功能,同时也有助于提高学生的审美鉴赏和艺术修养。

通过这种跨学科的学习任务,学生在解决实际问题时,能够实现多学科知识的有机结合,深刻理解"可持续发展"这一大概念的含义和实践意义。

2.3 社会文化理论视角下的评价生态构建

2.3.1 社会文化理论对学习的阐释与跨学科学习评价的关联

社会文化理论深入地阐述了学习不仅仅是个体的独立认知过程,它还是一个与社会、文化和历史背景紧密相连的复杂活动。在构建跨学科学习评价体系的过程中,社会文化理论为我们展示了一种全新的观点和思维方式,它强调了建立一个包括家庭、学校和社会在内的多元而协同的评价生态系统的重要性。

家庭是学生成长过程中的首要场所,家长的热情参与和坚定支持对学生的学术进步和个人成长产生了深远的影响。在进行跨学科的学习时,家长可以通过参与家庭项目作业的评估,更深入地了解学生在这种学习模式下的表现和进步。以家庭项目式作业"家庭能源使用调查"为研究对象,学生在家长的支持和帮助下,对家庭的能源使用状况进行了深入研究。他们详细记录了家庭每个月的水、电、燃气消耗,并探讨了不同的季节和生活方式如何影响能源的使用。

在进行评价时,家长不仅关心学生对能源知识的掌握水平,还可以观察学生在调查中的观察、分析和实践能力。家长可以利用他们的生活背景和丰富的知识储备,为学生提供所需的各种资源和方向性建议。例如,家长可以分享他们在日常生活中节省能源的小技巧,并引导学生思考如何进一步优化家庭的能源使用。

2.3.2 家校社协同评价的具体实践与作用

作为教育领域的核心场所,学校在进行跨学科的学习评估时,应当扮演关键的领导角色。学校有责任积极地组织和高效地执行跨学科的学习评估,以便为学生在跨学科学习方面提供强有力的支持和保障。从一方面来看,学校有能力通过实施校本培训项目,邀请教育领域的专家和学科骨干教师进行专题讲座和经验分享,从而提高教师在跨学科教学和评估方面的能力。我们的目标是帮助教师更有效地规划跨学科的学习任务,并采用多种评估手段对学生进行全方位和公正的评价。

从另一个角度来看,学校需要构建和完善与家长之间的沟通机制,以便能够及时地向他们反馈学生的学习状况。我们采用了家长会、家长微信群和家访等多样化的手段,与家长保持紧密的联系,共同关心学生的发展和进步。举例来说,学校有可能周期性地组织家长会议,以向家长详细介绍跨学科学习的目标、课程内容以及评估机制,并展示学生在这一领域内所取得的出色成绩,从而让家长更全面地了解学生在学术上的进展和所取得的成就。

社会为学生提供了丰富多元的学习资源和宽广的实践机会。博物馆、科技馆和图书馆这样的文化设施,为学生提供了丰富的实物展览、科学普及材料和专业指导,成为他们实地考察和学习的珍贵场地。学生有机会在博物馆里探索历史文化的演变,在科技馆里体验科技的吸引力和创新潜力,同时在图书馆里翻阅大量的学术文献,从而扩展他们的知识领域。

企业还能为学生提供实习和实践的机会,使学生能够将所学的知识应用到实际工作中,了解行业的发展趋势和市场的需求。在"社区文化传承项目"的框架下,学生在完成学校的历史文化知识和研究方法学习后,会返回家中和社区进行更为深入的实践和研究。家长有能力指导学生去观察社区内的文化遗址和民间传统活动,并与他们分享关于社区文化的个人记忆与见解。社区服务人员有能力为学生提供丰富的社区文化信息,协助他们进行问卷调查和面对面访谈,并对学生的各项表现进行公正的评估和反馈。

学校可以根据家长和社区的反馈,适时调整教学策略和评价方式,优化跨学科学习的内容和方法,以更好地满足学生的学习需求,促进学生全面发展。通过家庭、学校和社会的共同评估,我们构建了一个全面和多层次的评价体系,这有助于我们全方位、客观地了解学生的学习状况,并为他们的个人成长提供更加有力的支持和指导。

2.4　具身认知理论与评价情境设计

2.4.1　具身认知理论的核心观点及其在跨学科学习评价中的体现

具身认知理论颠覆了传统认知理论中的身心分离观点,它强调了身体在认知过程中的不可替代的重要性,认为认知是身体和环境相互作用、相互影响的结果。在跨学科的学习评估领域,利用具身认知理论来构建评价场景,可以为学生提供更为丰富和深入的学习体验,帮助他们更深入地掌握知识,从而显著提升他们的学习成果。

以"建筑结构与力学原理"的跨学科教学为背景,学生不仅仅是在书本上进行理论学习,而是通过构建物理模型,体验不同结构的稳定性,从而更深入地理解力学的基本原理。在模型构建的阶段,学生挑选了所需的材料、设计了结构并进行了组装,身体的每一个微小动作都与他们对知识的掌握和应用有着密切的联系。他们探索了各种不同的结构设计,并研究了模型在受到各种外部力量,如压力和拉力时的形变表现。

学生通过亲身体验,对三角形结构的稳定性和拱形结构的受力特性等力学原理有了深入理解。在这一学习和评估过程中,学生全面参与,他们不再仅仅是被动地吸收知识,而是成为积极主动地探索和实践知识的构建者。在评估过程中,教师不仅关注学生对理论知识的掌握水平,还特别重视评估学生在构建模型时的实践操作能力、问题解决技巧以及团队合作能力。

2.4.2　具身认知评价情境的设计方法与实践案例

为了优化具身认知的评估环境,教育者可以采纳如角色模拟、仿真实验等多种教学策略。以"历史文化街区保护"这一项目为背景,学生扮演着不同的角色,包括政府官员、房地产开发商、当地居民以及文物保护专家等。在模拟的谈判和决策环境中,学生对不同角色在历史文化区域保护上的观点、利益和职责有了深入的认识。

政府官员在规划城市发展和文化传承时应给予足够的重视,开发商应重视项目的经济回报,居民应关心他们的生活品质和居住环境,文物保护专家则应专注于历史文化遗产的维护和保护。学生通过角色扮演的方式,深入体验了历史文化街区保护的复杂和价值,学会了从多种视角去思考,平衡各种利益,并提出了合适的保护建议。

在进行模拟实验的过程中,教师有能力设计一系列与跨学科知识紧密相关的实验活动。举例来说,在"环境科学与化学"这一跨学科的教学过程中,教师有能力组织学生参与污水净化模拟实验。学生独立操作实验设备,利用化学原理对污水进行了处理,并观察了污水在各个处理阶段的变化,进而分析了处理的效果。经过这种模拟实验,学生不仅学到了化学的基础知识和实验的技巧,也加深了对环境保护的理解和责任感。

通过设计这些具身认知评价的情境,学生在与环境的互动过程中,能够更深刻地理解和掌握跨学科的知识,从而提升了他们的综合能力和素质。

第 三 章

跨学科学习评价框架构建

3.1 评价目标体系的构建

新的课程标准为构建跨学科学习评价的目标体系提供了关键的方向,确保评价目标既全面又具有针对性,能够准确地评估学生在跨学科学习过程中的成长和发展。

3.1.1 知识与技能维度

从知识和技能的角度看,跨学科的学习评估不仅仅是检验学生对各个学科基础知识的简单记忆,更重要的是关注他们是否能够灵活地运用这些知识来解决实际问题,这是评估学生知识掌握程度和应用能力的关键环节。以"人工智能与生活"这一跨学科的项目为背景,学生应当熟练掌握各个领域的知识和技巧。在数学领域,算法的知识为理解人工智能的运行逻辑提供了基石,而在计算机科学中,编程技巧成为实现人工智能应用的关键工具。对日常生活场景的敏感观察和深度分析能力,可以帮助学生识别并利用人工智能技术来解决生活中的难题。

在进行评估时,确保学生在项目中对所学知识和技巧的熟练应用是非常关键的。例如,我们需要观察学生是否能够采用适当的算法来提高人工智能模型的表现,他们在编程过程中是否能够精确地执行算法逻辑,以及在面对日常生活中的真实问题时,他们是否能够迅速地识别问题的核心并利用所掌握的知识提供解决策略。在构建智能家庭安全防护系统的过程中,学生需要采用数学算法来优化图像识别技术,并运用编程能力来实现系统的各项功能。同时,他们还需要根据对家庭生活环境的深入了解,合理地设定安全防护系统的触发条件和警报机制。通过评估学生在这些领域的表现,我们可以深入了解他们在知识和技能方面的掌握水平。

3.1.2 过程与方法维度

在过程与方法的维度中,我们主要关注学生在跨学科学习中所选择的研究方法和合作策略,这些元素对学生的学习成果和整体能力的增强有着直接的影响。在团队合作完成项目的过程中,评估学生是否能有效地分配工作是其中一个关键因素。合理的任务分配意味着每名小组成员都可以根据自己的特长和优势来完成特定的工作,这有助于提升整个小组的工作效能。例如,在一个涉及城市交通堵塞管理的跨学科项目中,那些具备强大数据分析技能的学生主要负责交通流量数据的收集和分析,而那些擅长沟通和交流的学生主要负责与相关部门和市民进行深入访谈,另外,那些富有创意的学生则主要负责提出具有创新性的解决策略。

在小组合作的过程中,高效的沟通是绝对必要的一部分。学生应当有能力明确地阐述自己的看法和思考,同时也要认真听取他人的反馈,以共同推进项目的发展。在项目的执行阶段,评估学生是否熟练掌握了科学的调查技巧和数据处理方法也是至关重要的。采用科学的研究方法可以确保所收集的数据既真实又可靠,并具有很强的代表性。而当我们使用正确的数据分析手段时,可以从这些数据中提取出有意义的信息,为问题的解决提供坚实的支撑。例如,在进行市场研究的过程中,学生需要掌握如何设计合适的调查问卷、挑选合适的研究对象,并运用统计学的手段来分析收集到的数据,以便得出精确的研究结论。

3.1.3 情感、态度与价值观维度

在跨学科的学习评估中,情感、态度与价值观的维度都是至关重要的,因为它们直接影响到学生的学习积极性、团队合作能力和创新精神等核心素质的培育。以"传统文化传承"这一项目为背景,我们可以从多个维度来评估学生对传统文化的深厚情感。通过观察学生在项目中的参与热情,我们可以了解:他们是否主动探索传统文化的深层含义、其历史背景以及当前的传承状况;他们在面对与传统文化有关的议题时,是否展现出了强烈的好奇心和探索欲望。

在对传统文化进行继承和创新的过程中,学生所表现出的责任心和使命感也成为评估的焦点。例如,学生是否有能力积极地探索传统文化的继承方法,并思考如何将这些传统文化与当代社会融合,赋予它们新的生命力。在一个以传统剪纸

艺术为核心的跨学科课程中,学生不仅需要掌握剪纸艺术的各种技巧,还需要深刻理解剪纸艺术所包含的丰富文化内涵。一些学生可能会考虑如何运用现代科技,如数字化技术,来创新展示剪纸艺术,从而让更多的人了解并喜爱这种传统艺术形式。通过评估学生在这些领域的表现,我们能够深入了解他们在情感、态度和价值观方面的成长轨迹。

3.2　评价内容体系的构建

3.2.1　真实情境的重要性与应用

评估的核心内容是基于真实的场景和问题的解决方法,这种真实的场景对于激发学生的学习热情和主动性至关重要,它可以帮助学生深入理解知识的真正意义,鼓励他们在实际场景中灵活地应用所学内容。以"校园环境改善"这一项目为背景,学生在这样的实际环境中,需要利用跨学科的知识来处理他们的实际问题。借助科学的知识,我们可以分析校园环境中存在的各种问题,例如,通过化学实验来检测校园的水质,以及利用生物学的知识来研究校园植物的生长状态和生态平衡。通过应用数学原理来进行数据的统计和解析,我们可以计算出校园垃圾生成量的变动趋势,并对不同地区的环境指标数据进行深入分析。利用语文的专业知识来编写报告和推广文案,我们将对环境问题的深入分析和改进建议用明确且精确的文字呈现,并通过编写宣传材料,向学校的师生推广环保观念,以增强他们的环保意识。

这个项目为学生创造了一个真实的学习环境,使他们能够在解决实际问题时,将不同学科的知识有机地结合在一起,从而提高他们综合应用知识的能力。此外,真实的环境不仅可以培养学生的实际操作技能,还能增强他们的社会责任感,使他们更加关心周围的环境问题,并积极地参与学校环境的改进工作。

3.2.2　问题解决能力的评价

解决问题的能力被视为跨学科学习的关键目标之一,评估的内容应当全方位地包括学生在发现问题、提出假设、搜集证据、数据分析以及最终得出结论的整个过程。为了对学生的问题解决能力进行更为明确和精确的评估,创建一个"问题解决能力分级描述表"显得尤为关键。

在学习的初级阶段,学生可以识别出一些简单的问题,如在校园环境改善项目中,他们可以发现校园某个角落的垃圾堆积问题。所提出的解决方案通常比较标准,可能仅仅是简单地推荐增加垃圾桶的数量。在搜集证据的过程中,我们常常需要依赖他人,如等待老师或其他学生分享相关的信息。在进行数据分析时,我们只能处理一些基本的数据,如统计垃圾的种类和其大致的数量。我们得到的结论仅仅是初步的,例如,我们认为垃圾的堆积是垃圾桶数量不足造成的。

处于中级学习阶段的学生有能力识别复杂的问题,例如,在探究校园生态环境的过程中,他们可能会注意到校园内某种植物的生长异常,这可能与土壤的酸碱度、光照条件、病虫害等多种因素有关。为了解决植物的生长难题,我们可以考虑多种策略,如调节土壤的酸碱平衡、增强阳光照射以及采取病虫害的预防和治疗措施。在收集证据的过程中,有能力独立地搜集证据,如自行采集土壤样本以进行检验,并对植物生长情况进行观察以及数据记录。在进行数据分析时,我们可以利用各种图表来解读数据,如画出植物的生长趋势和土壤的酸碱度变化图,这样可以将数据呈现得更为清晰。我们得到的结论具有一定的深度,可以分析植物生长异常的主要原因,并提出相应的解决方案。

处于高级学习阶段的学生有能力识别出隐藏的问题。例如,在研究校园能源使用过程中,他们不仅能察觉到表面上的高能源消耗,还能对能源浪费的各个环节和根本原因进行深入的分析。我们可以提出一些创新性的解决方案,如开发一套智能能源管理系统,该系统能够根据学校的具体需求来自动调整能源供给。在收集证据的过程中,我们可以采用科学的方式来搜集证据,并利用专门的检测工具和技术,对学校的能源使用进行深入且精确的监控。在对数据进行分析时,可以采用统计手段来解读数据,如进行关联性分析和趋势预测。我们得到的研究结论是具有前瞻性的,它可以预见学校能源使用的未来走向,并为能源管理提供前瞻性的策略建议。

3.3 评价方法体系的构建

3.3.1 表现性评价的优势与形式

表现性评价是一种在跨学科学习评估中非常有效的手段,它通过观察学生在完成特定任务或项目时的表现,对学生的知识、技能和能力进行全面的评估,从而更全面、真实地反映学生的学习成果和能力水平。对于表现性的评估,我们可以选择多种方式,如展示作品、口头汇报或是团队合作的项目。

以"历史文化街区保护"这一项目为背景,学生有机会通过多样化的途径来展示他们的学术成就。制作宣传海报是一种直观的展示方式,学生需要在海报中突出历史文化街区的特色,如独特的建筑风格、丰富的历史故事、传统的民俗文化。在对宣传海报进行评估时,我们需要从其内容的精确性、设计的审美感以及创新思维等多个维度进行深入思考。为了确保内容的准确性,学生在介绍历史文化街区时必须确保信息的真实性和可靠性,避免出现错误;为了达到设计的审美标准,海报的布局和布局必须是合适的,颜色的搭配也要和谐,这样才能真正吸引观众的目光;海报的创意主要体现在其展现方式和所传递的核心思想上,看是否存在独到的观点和创新的呈现手法。

编写研究报告是一种关键的展示手段,学生有责任对历史文化区域的保护状况和存在的问题进行深度探究,并据此提出具体的保护措施。在对研究报告进行评估的过程中,我们主要集中在方案的可行性、创新性以及问题分析的深度等方面。为了确保方案的可行性,所提出的保护措施必须具备实际的操作性,并能在实际操作中得以执行;创新思维鼓励学生提出与众不同的保护观念和策略,而不是局限于传统的保护方式;为了深入分析问题,学生需要对历史文化街区中存在的各种问题进行全方位和深度的探究,以识别问题的根本原因。

组织模拟听证会是一种充满挑战的展示形式,如果街区面临拆除的危机,学生需要组织模拟听证会,以争取得到保护。在进行评估的过程中,我们主要关注学生在组织、沟通以及问题解决等方面的能力。听证会的组织能力主要体现在其流程设计和人员之间的协同工作上;学生的沟通技巧要求他们能与持有不同观点的人进行深入的交流,阐述自己的看法,并认真听取他人的建议;学生的问题解决能力主要表现在他们如何面对听证会上的各种挑战和冲突,并提供合适的解决策略。

3.3.2　表现性评价任务设计模板

为了优化表现性评价任务的设计,创建一个"表现性评价任务设计模板"变得尤为关键。以"历史文化街区宣传海报制作"这一任务为例,在确定历史文化街区的相关资料后,要求学生负责设计宣传海报,以凸显该街区的独特特色。评估的标准涵盖了内容的精确性、设计的审美感和创意等方面,由于资料齐全和任务的明确性,学生可以依据提供的资料进行低难度的创作。

在"历史文化街区保护方案撰写"这一任务中,学生要亲自前往历史文化街区进行实地考察,一旦发现存在的问题,便须编写相应的保护方案并提出具体的解决措施。评估标准包括方案的可行性、创新性和问题分析的深度等方面,而情境复杂度被分为中等级别,这是因为学生需要进行实地考察,所面对的问题相当复杂,因此需要综合考虑多个因素。

3.4 STEM项目评价量规开发示例

以 STEM 项目中的"设计可持续能源小屋"为研究对象,我们开发了一套全面而细致的评价量规,这将为评估学生在项目实施过程中的表现提供有力的支持和依据。

3.4.1 知识运用维度

在知识应用的多个方面,涵盖了科学知识的应用和数学知识的应用这两个核心指标。在科学知识的应用上,那些能够精确地运用物理和化学知识来设计能源系统的学生可以获得 3 分。这意味着学生需要对与能源相关的各种科学原理有深入的认识,如太阳能和风能的转换机制以及化学电池的工作方式,并能够巧妙地将这些知识融入能源小屋的设计过程中。学生在应用基础知识时,如果犯了一些小错误,可以获得 2 分。这些学生虽然已经掌握了一些科学知识,但在实际应用中可能会犯一些小错误,如对某些基本原理的理解不够准确,这可能导致能源系统设计存在一些小缺陷。那些在知识应用上犯错较多的学生只能获得 1 分,这意味着学生在相关科学知识的掌握上存在明显的不足,有必要进一步强化他们的学习过程。

在数学知识的应用上,那些能够准确估算能源需求和成本的学生可以获得 3 分。这要求学生拥有坚实的数学基础,并能够运用数学技巧对能源小屋的能源使用和设备成本进行精确的估算和分析。学生在计算上基本准确,如果出现微小的错误,他们可以获得 2 分,这表明学生在数学计算方面已经有了一定的基础,但仍需表现得更为细致和严格。那些计算错误较多的学生可以获得 1 分,这显示了他们在数学知识的掌握和应用方面遇到了很大的困难,因此需要加强训练。

3.4.2 能力表现维度

在能力展现的维度中,我们可以看到设计能力与实践能力这两大核心指标。在设计能力上,那些设计出结构合理、功能齐全的小屋的学生可以获得 3 分。这意味着学生不仅要关注小屋的外部设计,还需要重视其实用性和功能性。例如,合理地规划空间布局,确保能源系统与居住空间之间的和谐统一。这类学生的设计大体上是合理的,但如果存在某些不足,他们可以获得 2 分。尽管这些学生的设计基本达到了预期标准,但在某些细节上,如空间的使用和某些功能的完善程度,可能会有问题。学生如果设计不当或功能不足,将获得 1 分,这表明他们在设计领域仍有进一步学习和提升的空间。

在实际操作能力上,那些能够熟练运用工具创建模型并工艺精湛的学生可以获得 3 分。这证明了学生拥有出色的实践操作技巧和实践操作能力,他们能够将设计思路准确地转换为真实的模型,并在生产过程中高度重视工艺的品质。那些能够完成模型制作的学生,如果工艺一般,可以获得 2 分。尽管这类学生能够完成模型制作任务,但他们在工艺水平上还存在提升的空间。那些制作有难度且工艺不够精细的学生获得了 1 分,这显示出他们在实际操作能力上有明显的短板,因此有必要加强他们的实际操作训练。

3.4.3　团队合作维度

在团队合作的多个维度中,我们可以看到沟通协作和责任担当这两个核心指标。在团队的沟通和合作中,如果团队成员之间的沟通流畅且分工明确,那么他们可以获得 3 分。这表明,团队成员能够建立起高效的沟通机制,确保信息的及时和准确传达,明确并合理地分配任务,从而最大限度地发挥每位成员的潜能。在沟通过程中,如果团队之间的分工存在微小的问题,他们可以获得 2 分的评分。尽管这种团队在沟通和分工方面没有遇到重大问题,但仍然有一些待改进的方面,例如,沟通效率需要进一步提升以及分工的不均衡性。如果一个团队的沟通存在障碍,并且分工不明确,那么它将获得 1 分,这意味着在团队合作中有重大的问题,因此需要加强团队的建设和沟通技巧的培训。

在责任和担当方面,那些主动接受任务并积极协助他人的学生可以获得 3 分。这些学生不仅具备强烈的团队合作精神和责任心,而且能够全心全意地完成自己的任务,同时也能积极地关心和协助团队成员,从而推动整个团队的共同进步。那些能够完成任务并偶尔帮助他人的学生可以获得 2 分,这些学生确实能够完成他们的职责,但在团队协作的积极性方面仍然存在不足。逃避任务和不与团队合作的学生将获得 1 分,这种做法严重破坏了团队合作的氛围和项目的进展,因此需要加强教育和指导。

3.4.4　创新思维维度

在创新思维的维度中,我们可以看到创新的观念和相应的解决策略这两个核心指标。在创新思维方面,那些提出了独特的能源使用或设计观念的学生可以获得 3 分。这些学生拥有敏感的创新思维,能够突破传统思维的限制,提出创新的能源使用方式或独特的设计理念,为项目注入新的思维和活力。那些具有创新思维但并不特别突出的学生可以获得 2 分,尽管这些学生具备创新思维,但在创新的深度和独特性方面仍然存在不足。那些没有创新思维的学生只能获得 1 分,这表明他们在创新思维上仍有很大的提升空间。

在解决方案上,那些能够创新性地处理项目中问题的学生可以获得 3 分。这意味着学生在面对项目中可能出现的问题时,应具备创新的思维方式,提出独到的解决策略,从而有效地应对和解决问题。那些能够解决问题但采用常规方法的学生可以获得 2 分,他们可以利用自己已有的知识和经验来解决问题,但在方法的创新性方面存在不足。那些不能有效解决问题的学生将获得 1 分,这意味着他们在问题解决和创新思维上都需要进一步学习和实践。

《核心素养观测点与学科对应表》是一本工具手册。该手册详尽地列举了各个核心素养在不同学科中的观测点,为教师在评估学生时提供了全面和系统的参考依据。教师可以依据手册里的观察数据,有目的性地评估学生在跨学科学习过程中的表现,从而更有效地引导学生的学习进程和个人发展。

第 四 章

评价框架的设计原则与路径

4.1 "逆向设计"理念在评价中的运用

4.1.1 "逆向设计"理念的核心内涵

"逆向设计"这一理念在教育界引发了深刻的思考转变,它与传统的从教学内容开始按部就班地进行教学和评估的方法有着明显的区别。在传统的教学模式中,教师通常按照教材的章节顺序逐一讲解知识,然后进行相应的测试和评价,这种做法容易导致教学和评价缺乏明确的目标导向,学生在学习过程中也很难清晰地理解学习的最终目的。"逆向设计"这一理念主张从预先设定的学习成果出发,逆向地影响设计教学和评估的每一个步骤。

在跨学科学习的复杂环境中,"逆向设计"的思想变得越来越重要。跨学科的学习方法融合了众多学科的知识和技巧,为了确保学生在学习中能够得到全方位和目标明确的成长,它的综合性和复杂性都需要一个明确的学习目标。从根本上讲,"逆向设计"的思想建立在对教育目的的深入洞察和对学生学习模式的敬重之上。在进行教学活动之前,教育者必须对学生在跨学科学习中应达到的知识、技能和能力水平进行深入的思考和明确。这种具有前瞻性的思维模式,可以使教学和评估更加集中,避免盲目和随意性,从而使学生的学习更加有方向和有效。

例如,在一个旨在培养学生对可持续发展观念的跨学科项目中,教育者通过应用"逆向设计"教学理念,首先明确了学生需要掌握与可持续发展有关的生态、经济、社会等多个方面的知识,并具备分析实际问题中可持续发展因素的能力,同时还需要培养他们主动实践可持续发展观念的意识和责任感。在预期结果的基础上，我们应该重新规划教学内容和评估方法，而不是先盲目地挑选教学材料和活动，然后再思考如何对学生的学习效果进行评估。

4.1.2 在跨学科学习评价中的具体应用

在进行跨学科的学习评估时，采纳"逆向设计"的观点并明确评估的目标是最主要的工作。以培养学生的创新思维和问题解决能力为例，这个评价目标具有很高的现实意义和教育价值。在这个快速进步的社会背景下，创新的思维方式和解决问题的能力已经成了人才的主要竞争优势，而跨学科的学习方式为这些能力的培养提供了一个非常有利的环境。

为了达成这一评估目标，评估工作应聚焦于一系列具有实际挑战性的问题，如"设计一种新型的环保交通方式"。这类问题跨越了多个学术领域，如工程学、物理学、材料科学、环境科学和设计美学。在解决特定问题的过程中，学生需要综合应用多个学科的知识，激发创新思维，并提出实用和可行的解决策略。

在设计评估任务的过程中，我们必须确保任务的真实性、情境的适应性和整体的综合性。为了确保评价任务与实际生活紧密相连，我们需要让学生深刻体验到知识在实际中的应用价值。例如，在开发新型的环保交通工具时，我们可以为其设定一个特定的使用场景，如应对城市交通拥堵和环境污染的挑战。城市交通拥堵不仅降低了通勤的效率，还对居民的健康构成了环境污染的威胁，这些都是人们在日常生活中必须面对的实际问题。当学生在这种真实的环境中进行设计时，他们可以深入地感受到学到的知识与实际生活之间的密切关系，从而激发他们的学习热情。

情境性的教学方法着重于为学生构建一个具体的问题场景，以此激发他们的学习热情和探索欲望。例如，为学生提供城市交通状况的相关背景资料，如交通流量、能源使用和环境污染的数据，使他们在此背景下进行思考和寻找解决方案。通过详尽的数据资料，学生可以更加直观地认识到城市交通问题的严峻性和复杂性，从而激发他们对解决方案进行深入的思考。例如，通过展示某城市交通高峰时段的流量分布图，以及各种交通方式的能源使用和污染物排放数据，学生能够明确地认识到传统燃油汽车对环境造成的不良影响，并据此更加有针对性地思考如何研发新型的环保交通工具。

综合性的评价任务需要包括多个学科的知识和技能，以评估学生的综合应用能力。在"如何设计一款新型环保交通工具"这一任务中，学生需要运用物理学的知识来设计交通工具的动力系统。例如，选择适当的能源转换方式，是使用太阳能、电能还是其他新型能源；在选择环保材料时，应用材料科学的相关知识，并综合考虑材料的强度、质量、环境友好性以及成本等多个方面；借助设计美学的知识来塑造外观设计，不仅能让交通工具变得实用，还能增加其美观性和吸引力。

在"逆向设计"的过程中，评价标准起了至关重要的作用，它应当是明确的、细致的、易于实施的，并从各种角度对学生的表现进行全面评估。以"如何设计一款新型环保交通工具"为研究对象，从创新的角度来考察学生是否提出了与众不同的设计思路和解决策略，如使用新型能源和独特的结构设计。从可行性的角度来看，评估学生提出的方案在实际的技术和经济环境中是否可行，这包括了材料的可获取性和成本效益等方面。在团队合作的维度中，我们主要关注学生在团队协作中的各种表现，如他们的沟通与合作技巧，以及分工的合理性等方面。

为了深入掌握"逆向设计"的核心思想，我们提供了"逆向设计思维导图"和详细的实施步骤分解，如表 4-1 所示。

表 4-1　逆向设计思维实施方案

步骤	具体内容	示例说明
确定预期结果	明确学生通过跨学科学习应达到的知识、技能和能力目标	在跨学科科学探究项目中，预期学生能够掌握科学研究方法，具备数据分析和批判性思维能力。例如，学生要学会提出科学问题、设计实验方案、收集和分析数据，并且能够对实验结果进行批判性思考，判断结果的可靠性和局限性
确定合适的评估证据	思考用什么方式和证据来证明学生达到了预期目标，如作品、报告、展示	对于上述科学探究项目，学生撰写的研究报告、展示的实验成果等都可作为评估证据。研究报告中应详细阐述实验目的、方法、结果和结论，展示学生对科学研究方法的掌握和对数据的分析能力；实验成果展示可以包括实验装置、实验数据图表等，直观地体现学生的实践能力和创新思维
设计学习体验和教学活动	根据评估证据，设计相应的教学活动和学习体验，引导学生达成目标	比如，为了让学生掌握科学研究方法，教师可以组织实地考察、实验操作等教学活动。在实地考察中，学生可以观察自然现象，发现科学问题；在实验操作中，学生动手进行实验，学习实验设计和数据收集的方法，通过实际操作加深对科学研究过程的理解

采用这种逆向设计策略，可以确保教学和评估过程与预定的目标紧密相连，

从而增强教学成果和评估的精确度。在教学实践中,教师应依据学生的具体需求和可用的教学资源,灵活应用"逆向设计"这一教学理念,以持续优化教学和评估方案,从而促进学生全方位的成长。

4.2 表现性评价与量规开发

4.2.1 表现性评价的多维度分析

以"制作座位表"这一多学科的学习任务为背景,表现性评价可以全方位、深度地评估学生在完成任务时的各种技能和修养。从数学的视角出发,评估学生在空间布局和数据统计方面的应用技巧。在真实的教学环境下,学生应依据教室的大小和学生的数量来合理规划座位的间隔,这涉及数学的几何概念和计算技巧。举例来说,学生需要估算教室的实际可用空间,并根据学生的数量来决定最合适的座位布局,确保每位学生都能拥有充足的座位,同时避免不必要的空间浪费。

假定教室呈现为一个长 10 米、宽 8 米的矩形结构,并容纳了 40 个学生。学生在计算教室面积时,需要采用长方形面积公式来确定 80 平方米。接着,基于人体工程学的理念,考虑到每位学生所需的合适空间,例如,0.8 米的前后距离和 0.6 米的左右距离,计算出每行的座位数量和行数,从而为他们确定一个合适的座位布局。这不只是对学生数学公式的掌握程度的测试,同时也测试了他们将数学概念运用到实际问题中的技能。

从艺术的视角出发,对学生的设计审美进行评估。座位表上的颜色组合和版面设计能够反映出学生的审美鉴赏和艺术修养。和谐的色彩组合和座位设计可以为人们提供愉悦的视觉体验,而合理的布局设计则可以让座位信息变得清晰可见。学生可以挑选一些清新而淡雅的颜色搭配,例如,以浅蓝色和白色作为主要的色调,这样可以让座位的外观看起来更加舒适和美观;我们使用了简明扼要的版式设计,确保学生的姓名、座位号等详细信息都被清楚地展示出来。座位信息可以按照整齐的行列进行排列,通过使用不同的颜色来区分不同的小组,同时在表格的周围添加一些简单的装饰元素,比如小花纹或小图标,以增加整体的美观度,又不会使其看起来过于复杂。

从人与人之间的互动视角出发,研究学生在小组讨论时是如何权衡同学间的相互关系和需求,以及如何合理地分配座位的。这对学生的交流合作技巧和人际交往的智慧进行了评估。在小组的讨论环节中,学生们需要进行深入的沟通,深入了解每位学生的独特需求,例如,视力受损的学生应选择靠前的座位,而行动受限的学生则应选择靠近走廊的座位。在此基础上,学生还应深入思考同学间的相互关系,确保不会把关系紧张的学生聚集在同一地方。例如,学生可以选择通过问卷调查或面对面的交流来收集他们的需求信息,然后在小组内讨论如何满足这些需求。在讨论的过程中,学生需要倾听他人的意见,尊重不同的观点,并共同制订合理的座位安排方案。

4.2.2 项目式评价方案设计

通过将"座位表制作"拓展为一个完整的项目式评价方案(包括 6 个课时的设计),我们可以更有系统地对学生进行评估和指导,如表 4-2 所示。

表 4-2 项目式评价方案

课时	教学内容	评价要点	评价方式
第 1 课时	项目导入,介绍任务要求和评价标准	学生对项目的理解和兴趣。观察学生在课堂上的参与度,是否积极提问、发表自己的看法	教师观察、课堂提问
第 2 课时	小组讨论,收集数据(教室尺寸、学生人数等)	小组讨论的参与度和数据收集的准确性。评价学生在小组讨论中的表现,如是否主动发言、倾听他人意见;检查收集的数据是否准确、完整	小组互评、数据审核
第 3 课时	运用数学知识计算座位间距,设计初步方案	数学知识运用的准确性和方案的合理性。考查学生在计算座位间距时是否运用了正确的数学方法,设计的初步方案是否符合实际需求	作业批改、方案评估
第 4 课时	运用美术知识进行座位表美化设计	设计的美感和创意。从色彩搭配、排版布局等方面评价学生的设计作品,是否具有独特的创意和较高的审美价值	作品展示、师生互评
第 5 课时	小组展示方案,全班讨论优化	展示能力和团队合作能力。观察学生在展示方案时的表达能力、自信心;评估小组在讨论优化过程中的团队协作情况,如是否能够积极采纳他人建议	展示评分、小组互评
第 6 课时	提交最终作品,进行评价总结	作品质量和学生的反思能力。对最终作品的整体质量进行评价,包括数学运用、美术设计和人际交往等方面;引导学生反思自己在项目中的学习过程,总结经验教训	综合评分、学生反思报告

在第 1 课时的教学过程中,教师可以采用生动而有趣的方法来引入教学项目。

例如,通过讲述一个由于座位设置不当而导致课堂秩序混乱的小故事来激发学生的学习兴趣,随后详细阐述任务要求和评价准则,以帮助学生明确他们的学习目标。

在第 2 课时,教师有机会参与小组讨论,观察学生的表现,并指导他们如何准确地收集数据,例如,在使用测量工具测量教室尺寸时需要注意的事项。

在第 3 课时,教师有机会对学生的作业进行细致的批改,并指出数学计算和方案设计中存在的错误和不合理之处,从而协助学生进行改进。

在第 4 课时展示作品的环节中,教师有能力指导学生从多方面进行深入的评价和分析,例如,颜色的组合是否满足大众的审美标准,以及版面设计是否便于查阅座位详情等问题。

在第 5 课时,教师有能力制定一个展示评分表,该评分表将从表达的清晰度、内容的完整性和团队合作等多个方面对小组展示进行全面评分,同时也会激励学生更加积极地参与到讨论中,并提出针对性的改进建议。

在第 6 课时,教师有机会全面评估学生在不同环节的表现,并对他们的最终作品进行打分。同时,教师也可以要求学生编写反思报告,以总结他们在项目实施过程中所获得的经验和存在的不足。

4.2.3 评价量规开发

为了更精确地评估学生的表现,我们开发了一种名为"座位表制作评价量规"的工具,如表 4-3 所示。

表 4-3 座位表制作评价量表

评价维度	评价指标	评价标准(分三个等级)	评价方法
数学运用	空间布局合理性	能根据教室尺寸和学生人数合理布局座位,无明显空间浪费(3 分);布局基本合理,有少量空间不合理处(2 分);布局混乱,存在明显空间问题(1 分)	教师根据学生提交的座位布局方案,对照标准进行打分
	数据统计准确性	准确统计学生人数,计算座位间距无误差(3 分);统计和计算基本正确,有小失误(2 分);统计和计算错误较多(1 分)	检查学生的数据统计过程和结果,查看是否存在错误
美术设计	色彩搭配协调性	色彩搭配和谐,视觉效果好(3 分);色彩搭配一般,无明显冲突(2 分);色彩搭配混乱,影响视觉(1 分)	通过学生作品展示,组织学生和教师进行投票评价
	排版布局美观性	排版合理,信息清晰,富有美感(3 分);排版基本合理,信息较清晰(2 分);排版杂乱,信息不清晰(1 分)	从作品的整体布局、信息呈现方式等方面进行评价

续表

评价维度	评价指标	评价标准(分三个等级)	评价方法
人际交往	小组沟通协作	团队成员沟通顺畅,分工明确,积极参与讨论(3分);沟通基本顺畅,分工有小问题,参与度一般(2分);沟通不畅,分工混乱,参与度低(1分)	小组内互评和教师观察相结合
	考虑同学需求	充分考虑同学之间的关系和需求,合理安排座位(3分);部分考虑同学需求,安排有一定合理性(2分);未考虑同学需求,随意安排座位(1分)	查看学生的座位安排方案,了解是否考虑了同学的特殊需求

在进行评估时,教师可以依据评估标准,对学生的表现给予客观和精确的评价。评价量规不仅可以作为学生进行自我评估和相互评价的参考依据,还能帮助学生在评估过程中更全面地认识到自己的长处和短板,从而推动他们进行自我反思和持续学习改进。举例来说,在小组之间的互评活动中,学生有机会依据评价的量化标准,对其他小组的作品进行全面评估,并能明确指出各自的长处和不足,同时也能从其他小组的作品中吸取有用的经验和方法。

4.3　动态评价体系的构建

4.3.1　动态评价体系的重要性

动态评价体系强调对学生学习过程的持续关注和评估,这与跨学科学习的特性是一致的。跨学科的学习是一个持续变化和不断进化的旅程,在这个过程中,学生会面临各种各样的问题和考验,他们的能力和修养也在持续地进化和提高。通过收集学生在跨学科学习过程中的各种过程性数据,如课堂参与度、小组合作表现和作业完成情况,我们可以实时掌握学生的学习进度和存在的问题。

过程性的数据可以揭示学生的学习态度、采用的学习策略以及他们的学习成果,这为教育者提供了宝贵的教学资料。例如,教师可以通过观察学生在课堂中的参与度来了解学生对学习内容的兴趣和积极性;通过对学生小组合作表现的深入分析,教师有能力评价学生在沟通协作和团队合作方面的能力;通过对学生完成作业的检查,教师能够更好地了解学生在知识掌握和应用方面的能力。

在一个跨学科的历史文化研究项目中,学生需要共同完成一份关于某一历史时期文化特点的研究报告。在项目的实施阶段,教师观察到学生在课堂讨论中的参与度较高,其中一些学生表现出积极的发言态度,提出了许多有价值的观点和研究方向,而另一些学生则很少参与讨论,显示出对项目的不感兴趣。通过对小组合作表现的深入分析,教师观察到某些小组的任务分工清晰,成员间的沟通流畅,能够有效地完成各项任务。然而,也有一些小组存在任务分配不合理和沟通不流畅的问题,这些都导致了项目进展的缓慢。经过对学生作业完成情况的仔细检查,教师观察到部分学生能够对资料进行深入的研究,并准确地描述历史文化事件,然而,部分学生仅仅粗略地列出了相关资料,而没有进行深入的分析和独到的观点。

这批过程性的数据可以协助教师及时识别存在的问题,并据此调整他们的教学方法。对于那些参与度较低的学生,教师可以通过一对一的沟通,了解他们的兴趣点和困惑,然后引导他们积极参与项目;对于那些在小组合作中遇到困难的小组,教育工作者可以策划团队建设活动,以增强学生间的交流与合作技巧;对于那些完成作业质量不达标的学生,教师有能力提供有针对性的教学指导,以提升学生的研究技巧和写作能力。

4.3.2 过程性数据采集工具

为了更高效地收集过程性数据,我们开发了一个名为"过程性数据采集工具包"的工具,其中包括课堂观察表和作品分析矩阵。课堂观察表详细记录了学生的参与度、他们的发言状况以及团队合作的表现等多个方面。关于学生的参与度,需要记录他们是否积极地参与到课堂的讨论、提出问题或回答问题中;在评估学生的发言质量、逻辑性和创新性时,需要特别注意他们的发言情况;在团队合作的表现上,我们需要关注学生在团队中的作用、他们的沟通与合作技巧以及他们对团队的贡献。

我们可以为课堂设计以下观察表 4-4。

表 4-4　课堂观察表

观察项目	具体内容	评价等级(高、中、低)
学生参与度	主动参与课堂讨论的次数	
	主动提问的次数	
	主动回答问题的次数	
发言情况	发言内容的质量(准确性、深度)	
	发言的逻辑性(条理是否清晰)	
	发言的创新性(是否有独特观点)	

观察项目	具体内容	评价等级（高、中、低）
小组合作表现	在小组中的角色（领导者、参与者、旁观者）	
	沟通协作能力（是否积极倾听、表达清晰）	
	团队贡献（提出的有价值建议数量）	

作品分析矩阵从作品的内容、形式、创新性等方面对学生作品进行分析评价。在内容方面，考查作品是否涵盖了相关学科知识，知识运用是否准确、合理；在形式方面，评价作品的结构、排版、表达方式等是否规范、清晰；在创新性方面，关注作品是否有独特的见解、新颖的方法和创新的思路。

作品分析矩阵可以设计如表 4-5 所示。

表 4-5 作品分析量表

分析维度	具体指标	评价等级（优、良、中、差）
内容	知识涵盖全面性	能全面涵盖相关学科知识，无明显遗漏（优）；大部分知识涵盖，有少量缺失（良）；仅涉及部分关键知识（中）；知识严重缺失（差）
	知识运用准确性	知识运用准确无误，分析合理深入（优）；基本准确，存在个别小瑕疵（良）；存在较多知识运用错误，分析较浅显（中）；知识运用混乱，分析缺乏逻辑（差）
形式	结构合理性	结构严谨，层次分明，过渡自然（优）；结构基本合理，有一定逻辑顺序（良）；结构较为松散，条理不够清晰（中）；结构混乱，无明显逻辑（差）
	排版规范性	排版美观，格式规范，图表运用恰当（优）；排版较整齐，格式基本规范（良）；排版较杂乱，格式有部分错误（中）；排版混乱，格式错误多（差）
	表达方式清晰度	表达清晰流畅，语言准确生动（优）；表达较清晰，存在少量语病（良）；表达较模糊，语句不通顺（中）；表达混乱，难以理解（差）
创新性	见解独特性	提出独特新颖的见解，有创新性思维（优）；有一定独特见解，创新程度一般（良）；见解较常规，缺乏创新（中）；无独特见解，观点陈旧（差）
	方法新颖性	运用新颖独特的方法，有创新性实践（优）；采用部分新方法，创新度有限（良）；方法常规，无创新（中）；方法陈旧，无任何创新尝试（差）

4.3.3　反馈机制的建立与实施

在动态评价体系中,反馈机制起了至关重要的作用,它可以确保评价的成果达到其最大的效益,并进一步推动学生的学习进程和教师的教学方法的优化。为学生提供及时且有意义的反馈,可以帮助他们清晰地了解自己的学习进展,认识到自己的长处和短板,进而针对性地调整自己的学习方法,以增强学习成果。对教师来说,他们的反馈可以为他们提供调整教学策略的参考,协助他们改进教学手段和内容,以更好地满足学生的学习要求。

反馈方式多种多样,其中,定期召开的课堂反馈会议被视为一种关键手段。在这次会议中,教师有机会全方位地展示学生在不同学习阶段的各项表现,这包括他们的优秀作品以及那些存在明显问题的作品。通过深入的比较和分析,我们鼓励学生集体讨论作品的长处和短处,并从中汲取宝贵的经验和教训。举例来说,在历史文化的研究项目里,教师呈现了两个不同团队的研究成果,其中一个研究报告内容丰富、分析透彻,其结构明确并充满了创新精神;还有一份报告存在着资料堆积、分析简单、结构混乱的问题。教师引导学生进行细致的分析,使他们能够直接感受到不同水平作品之间的区别,进而明确他们的努力方向。

除了在课堂上进行反馈会议外,一对一指导也是一种非常高效的反馈手段。对于那些在学习旅程中遭遇重大挑战或有特定需求的学生,教师有权单独进行面对面的批评。在进行面对面的批评时,教师有能力深入探究学生的思考模式和学习上的难题,并为他们提供有针对性的建议与方向。例如,对于那些作业完成质量不达标的学生,教师可以与他们共同探讨作业中可能存在的问题,协助他们识别知识的缺陷和学习策略的问题,并为他们提供改进的建议。

学生的自我评价和相互评价也构成了反馈机制的一个关键环节。学生的自我评估有助于培养他们的自我反思技巧,并教会他们如何仔细观察自己的学习旅程和所取得的成果。举例来说,学生可以依据教师给出的评估准则,对自己在项目参与、知识掌握和能力提升等多个方面进行自我评估,并总结出自己在这些方面所取得的进步以及需要改进的地方。通过互评的方式,学生能够从他人的视角审视自己的创作和展现,从而扩展自己的眼界并学习他人的优点。在相互评价的过程中,学生根据评价标准,对其他学生的作品进行了客观的评价,并提出了具体的意见和建议。学生可以通过自我评估和相互评价更深入地了解自己,从而推动他们的个人成长与进步。

4.3.4 动态评价体系的实际应用案例

以某所中学实施的"城市生态系统研究"这一跨学科项目为案例,全面展示了动态评价体系在实际应用中的有效性。在项目的初始阶段,教师利用课堂观察表来记录学生在项目启动课程中的参与程度和他们的发言情况。观察到有些学生对该项目展现出了强烈的兴趣,他们主动提出问题并分享了自己的研究方向;然而,还有一部分学生表现得相对沉默,他们的参与度不高。面对这种情况,教师在课程结束后与那些参与度不高的学生进行了深入交流,发现他们对于项目的研究方向缺乏明确的认识,并表现出一定的畏难心态。教师为这批学生提供了附加的指导,协助他们明确研究的目标,并激励他们更加主动地参与其中。

在项目的执行阶段,教师会收集学生的小组讨论记录、阶段性作业等过程性数据,以分析学生的小组合作表现和知识掌握情况。观察到某些小组在讨论过程中能进行深入的沟通,任务分配清晰,并能准时完成各个阶段的工作;然而,某些小组面临着沟通困难和任务分配不当的问题,这导致了任务的缓慢推进。面对存在合作问题的小组,教师们组织了一系列的团队建设活动,以增强学生之间的交流和合作能力。与此同时,教师会根据学生作业中出现的知识错误和理解偏差,及时调整教学内容,提供有针对性的辅导。

当项目接近尾声时,教师采用了作品分析矩阵来对学生所提交的研究报告进行深入的评估。我们从内容的完备性、知识应用的精确度、结构的逻辑性和创新性等多个方面进行了评分和评估。此外,我们还组织学生进行自我评估和相互评价,确保学生在评估的过程中能够互相借鉴和共同进步。最终,教师会根据项目过程中的评估结果,对学生进行全方位的评价和总结,为学生提供详尽的反馈和建议,以帮助学生在未来的学习中不断提高自己。

第 五 章

课堂教学中的嵌入式评价实践

5.1　语文跨学科学习评价

在跨学科的语文学习过程中,历史、美术、音乐等学科的融合是比较常见的现象。以"诗歌中的历史与艺术"这一主题为背景,学生应当从语文的视角深入探讨诗歌中的语言艺术和情感传达;通过从历史的视角深入研究诗歌创作的时代背景和诗人的生活经历,我们可以更全面地理解诗歌的深层含义。在进行评价的过程中,语文能力的考核主要集中在学生对诗歌意象的准确解读,以及语言表达的流畅性和感染力上。例如,在编写诗歌赏析文章的过程中,是否能运用适当的修辞技巧生动地传达个人的感受和感悟。从历史的角度来看,我们需要评估学生在收集和分析历史资料方面的能力,看他们是否能够准确地描述诗歌与其所处时代的联系。例如,在描述唐朝的诗歌时,我们是否可以结合唐朝的政治、经济和文化环境来探讨诗歌风格产生的背后原因。在与美术的结合中,当学生被要求为诗歌创作插图时,评价的焦点会转向画面的构图、色彩的搭配以及与诗歌意境的匹配度。

案例一

绘写多彩四季——一年级语文与美术跨学科教学评价

一、评价背景与目标

一年级学生正处于对世界充满好奇、探索欲望强烈的阶段,但他们的注意力集中时间较短,单一学科的学习容易让他们感到乏味。在语文学习中,学生需要积累词汇、提升语言表达能力;在美术学习方面,培养想象力和绘画技巧至关重要。开展此次跨学科教学,旨在打破学科界限,让学生通过多样化的学习方式,将语文中的文字描述与美术的直观创作相结合。

本次跨学科教学评价的目标是:提升学生对语文词汇、语句的理解与运用能力,能准确描述四季特征;增强学生美术创作能力,运用色彩、线条表现四季;激发学生对语文和美术学科的学习兴趣,培养创新思维与审美能力;促进学生在小组合作中的交流与协作,提高团队意识。

二、跨学科教学内容

本次跨学科教学将语文与美术相融合,以"绘写多彩四季"为主题。在语文教学环节,教师先引导学生学习与四季相关的课文,像《四季》这篇课文,让学生感受不同季节的特点。在课堂上,组织学生进行词汇积累,如春天的"春暖花开""鸟语花香",夏天的"骄阳似火""绿树成荫",秋天的"秋高气爽""果实累累",冬天的"冰天雪地""白雪皑皑"。通过角色扮演、朗读比赛等活动,让学生深入理解课文内容,体会不同季节的独特魅力,锻炼语言表达能力。

在美术教学环节,根据不同季节的特点,教师指导学生进行绘画创作。春天,引导学生用彩色画笔描绘出绽放的花朵、嫩绿的小草和飞翔的燕子;夏天,鼓励学生画出茂密的大树、火红的太阳以及在水中嬉戏的孩子;秋天,让学生创作金黄的稻田、飘落的枫叶和丰硕的果实;冬天,则描绘出洁白的雪花、结冰的湖面和可爱的雪人。同时,教授学生简单的色彩搭配和构图技巧,如春天使用暖色调表现生机、冬天运用冷色调展现寒冷。

三、评价指标介绍

评价指标介绍见表5-1。

表5-1　评价指标

评价方式	评价内容	评价要点
教师评价	课堂表现	观察学生在课堂上的参与度,是否积极回答问题、参与讨论;在美术创作时的专注度和操作熟练程度
	作业完成情况	检查语文词汇积累作业的准确性、完整性;查看美术作品的创意、色彩运用、构图合理性
学生自评	学习收获	回顾学习过程,思考自己对四季相关知识的掌握程度,是否学会了新的词汇和绘画技巧
	参与态度	评估自己在课堂活动中的积极性,是否主动参与讨论、小组合作

续表

评价方式	评价内容	评价要点
学生互评	作品评价	对同学的语文描述和美术作品进行评价,指出优点和可改进之处,从内容丰富度、创意新颖度等方面进行考量
	合作表现	评价小组合作时同学的协作能力,是否积极配合、倾听他人意见
表现性评价	主题创作任务	布置"我心中的最美季节"图文创作任务,要求学生结合语文描述和美术绘画,综合考查学生对知识的运用和创新能力
形成性评价	学习过程记录	在教学过程中,定期记录学生的学习进展,如每周统计学生的词汇积累量、绘画技巧提升情况
总结性评价	单元学习成果	在教学单元结束后,根据学生的整体表现、作品质量,对学生在整个"绘写多彩四季"学习单元的成果进行全面评估

四、评价实施过程

教学开始前,教师通过简单的问卷调查了解学生对四季的已有认知,包括学生能说出的季节特点、喜欢的季节等,以此为教学内容的设计提供依据。

教学过程中,每节课预留5~10分钟用于学生自评和互评。例如,在完成一次小组绘画创作后,学生先自我评价在创作过程中的表现,然后小组成员互相评价作品和合作表现,教师在旁观察并记录关键信息。每周进行一次学习进展总结,统计学生本周新积累的词汇量、绘画技巧的掌握情况等。

在完成"绘写多彩四季"教学单元后,组织一场成果展示活动。学生将自己的语文描述和美术作品制作成展板进行展示,邀请其他班级的同学和老师参观。评价人员根据评价指标,从内容、创意、技巧等方面对学生作品进行打分。在数据收集方面,教师使用表格详细记录学生的课堂表现、作业完成情况;将学生的作品分类整理,按照季节主题和创作时间进行编号保存,方便后续分析。

五、评价结果分析与反馈

通过对评价结果的分析,发现学生在美术创作的色彩运用方面表现出色,能够大胆地选择色彩来表现不同季节的氛围,如用鲜艳的色彩展现春天的活力、用深沉的色彩描绘冬天的宁静。在语文描述上,大部分学生能够运用积累的词汇,但在语句连贯性和描述的生动性上还有提升空间。

教师召开专门的评价反馈课,在课堂上展示优秀的图文作品,对作者进行表扬和奖励,分享作品的优点,如词汇运用准确、画面构图精美。针对学生存在的问题,提出具体的改进建议。比如:鼓励学生在描述季节时多使用比喻、拟人等修辞手法,让语句更加生动;在绘画技巧上,进一步学习物体的细节描绘。同时,根据评价结果调整后续教学策略,增加语文写作练习活动,布置描写四季的小作文;在美术课上,开展专项的细节绘画训练,满足学生的学习需求。

六、案例反思与展望

反思整个跨学科教学评价过程,评价指标基本涵盖了教学目标的各个方面,能够较为全面地反映学生的学习情况,但在一些细节上还可以优化,如对于学生创新思维的评价标准可以更加细化。评价方法多样,有效地促进了学生的学习,但在学生互评环节,部分学生评价不够客观,需要加强引导。评价过程中,数据收集和整理工作较为烦琐,耗费了较多时间,影响了教学进度。

未来跨学科教学评价的改进方向是:进一步优化评价指标体系,使其更精准地衡量学生的各项能力发展;加强对学生评价方法的指导,提高学生互评的质量;探索利用信息化手段,如使用在线评价平台,提高评价数据的收集和分析效率,让评价更好地服务于教学,促进学生全面发展。

案例二

《奇妙的动植物》

一、评价背景与目标

背景贴合度高:精准把握小学一、二年级学生特性,其好奇心盛但注意力短暂,单一学科易致枯燥,与教学实际相符,课程改革及综合素养培育需求的阐述明确了跨学科教学的时代紧迫性与教育重要性,为教学活动奠定坚实的基础。

目标明确且具导向性:促进知识理解运用、培养兴趣与创新思维等目标清晰,紧密围绕学生发展核心,对教学规划与评价实施起到精准的指引作用,能有效驱动教学活动聚焦关键能力培养,契合跨学科教育提升学生综合素养的根本宗旨。

二、跨学科教学内容

语文与科学的跨学科融合,以"与大自然交朋友"为主题,语文教学中引导学生描述自然界的事务,如"树叶""西瓜""椰子",积累相关词汇和语句描述相关特点;科学教学则设计"水果猜猜猜"的游戏,引导学生初步掌握简单的观察方法,如用眼睛看、用鼻子闻、用手摸,能够运用这些方法描述物体的颜色、形状、气味、质地等属性。比如,观察苹果时能说出其红色的外皮、圆形的形状、香甜的气味和光滑的质地。

三、评价指标介绍

(一)科学知识理解与应用

1. 动植物认知

学生须能够准确识别常见的动植物,像校园里的树木、家中饲养的宠物或常见的昆虫等。不仅要叫得出它们的名字,还能描述出其基本的外形特征,例如,兔子的长耳朵、红眼睛和短尾巴,以及向日葵的金黄色花瓣、大大的花盘和高高的茎。对于动物的习性也应有所了解,比如小猫喜欢吃鱼和捉老鼠,白天爱睡觉,夜晚比较活跃。在描述这些特征和习性时,语言应简洁明了,符合一年级学生的表达水平。

2. 自然现象了解

对于简单的自然现象,如白天黑夜的交替、晴天和雨天的不同天气状况、四季的明显特征变化,学生要能够知晓其基本规律。他们可以用简单的语言描述,如"白天有太阳,很亮;晚上有月亮和星星,天黑黑的""晴天天空是蓝色的,没有云;下雨时会有雨滴落下来,地面会湿""春天会开花,小草变绿;夏天很热,能吃冰激凌;秋天树叶变黄掉落;冬天很冷,会下雪",以此展示对自然现象的理解。

(二)语文表达能力

1. 口头表达

在课堂互动、小组讨论或回答问题时,学生要用清晰、完整的语句来表达自己对科学观察的内容。发音要准确,尽量避免含糊不清或错误的读音,语调自然流畅,让他人能够轻松理解其表达的意思。例如,在分享观察蚂蚁的经历时,能够说"我看到好多小蚂蚁在地上爬,它们排着队,有的在搬食物,小小的身体跑得很快",并且能够根据教师的引导进一步补充细节,如"蚂蚁的身体是黑色的,有六条腿"。

2. 书面表达

在完成写话练习或简单的短文写作任务时,学生能够正确运用所学的汉字和标点符号。书写要工整规范,不写错别字,标点符号的使用基本正确,如能用句号表示一句话的结束,用逗号表示句子中的停顿。语句应通顺有条理,围绕科学主题展开叙述,如写"我家的小狗"时,可以描述"我家有一只小狗,它叫花花。它的毛是白色的,眼睛大大的,很可爱。它喜欢追着我跑,还会摇尾巴",通过这样的写作展示对科学知识的运用和语文表达的综合能力。

(三)学习态度与参与度

1. 课堂参与

在课堂教学过程中,学生应积极主动地参与各项活动。主动举手发言,每周至少有5次积极参与课堂讨论、回答教师提出的问题或分享自己的观察发现。在小组合作学习时,能够与小组成员友好协作,共同完成任务,不吵闹、不捣乱,认真倾听其他同学的意见和想法,积极贡献自己的观点和力量,展现出良好的学习积极性和团队合作精神。

2. 作业完成

学生要养成按时完成作业的好习惯,不拖延、不抄袭。作业书写要工整,字迹清晰,尽量保持作业本的整洁干净,无过多的涂改痕迹。对于作业中出现的错误,学生能够在教师的指导下或自己主动思考后及时订正,遇到不懂的问题,要积极向教师、家长或同学请教,努力克服困难,确保对所学知识的掌握和巩固。

(四)综合实践能力

观察能力

在进行科学观察活动时,学生要能够集中注意力,仔细观察观察对象的各个方面。例如,观察植物的生长过程,能发现并记录植物叶子的颜色变化、形状特点、生长方向,以及植株的高度变化等关键细节;观察动物时,能注意到动物的外形特征、行为动作、生活环境等方面的特点。每次观察活动至少要记录几个重要的观察点,并且能够用简单的语言或图画的形式进行记录和描述。

(五)创新与合作能力

1. 创新思维

在完成与科学语文跨学科相关的作品创作时,如科普绘画、简单的手工制作或故事讲述,学生能够展现出一定的创新思维。比如在绘画中,除了描绘出动植物的基本形态外,还能给它们设计独特的生活场景或添加一些有趣的元素;在故事讲述中,能对科学知识进行富有想象力的改编或拓展,创造出属于自己的独特情节和角色,使作品更具趣味性和吸引力。

2.合作交流

在小组合作完成项目任务时,如制作动植物资料卡或举办小型科学展览,学生要积极承担自己的责任,与同伴密切配合。学生能够主动与小组其他成员交流想法,分享自己的知识和经验,共同讨论解决问题的方法。在合作过程中,要尊重他人的意见和建议,不固执己见,能够根据小组的整体需求调整自己的想法和行为,促进小组合作的顺利进行,培养良好的团队合作能力和沟通交流能力。

四、评价实施过程

评价实施过程如表5-2所示。

表5-2 评价实施

评价主体	评价方法	具体操作	评价时间
教师评价	课堂观察	观察学生在课堂上对科学与语文融合知识的专注度,如讲解动植物特点时学生的眼神、坐姿;记录学生发言的积极性和准确性,如描述动物外形或习性时用词是否恰当;留意小组合作中是否积极参与讨论和分工协作,及时记录相关表现	课堂教学全程
	作业批改	批改语文作业中涉及科学内容的部分,如写观察植物的日记,从语句通顺、描述准确、是否体现观察到的科学现象等方面评价;对科学小短文的书写,考查文字书写规范、科学知识表述清晰度,给予评语和等级	课后
学生自评	学习活动后自我评价	每次学习活动(如观察植物后),引导学生思考自己是否主动观察、有没有积极提问、是否记住了植物的关键特征等,用笑脸(满意)、平脸(一般)、哭脸(不满意)表示,并简单说明原因	学习活动结束时
互评	小组或全班互评	组织小组互评观察记录单或简单科普画,学生相互指出优点,如画面整洁、标注清晰、文字描述生动,以及不足,如内容不完整、颜色搭配不协调,并用小红花或小贴纸奖励优秀作品	课堂或课后专门的评价环节

续表

评价主体	评价方法	具体操作	评价时间
表现性评价	完成特定任务	布置制作"我的植物朋友"手抄报任务,要求用文字描述植物特点等科学知识,并用图画展示动物外形,从内容丰富度、图文结合效果、创意等方面评价,在教室展示优秀作品	单元教学中期或后期
形成性评价	课堂提问与反馈、学习档案	课堂上随时提问科学与语文相关知识,根据回答情况给予鼓励或指导,并记录;为学生建立学习档案,收录课堂表现记录、作业、小作品等,定期回顾分析学生学习轨迹,调整教学	教学过程中
总结性评价	单元测试、成果展示会	单元结束时进行测试,有连线题(如植物与特点匹配)、简单写话(如描述一种自然现象)等;举办成果展示会,展示学生优秀作业、手抄报、自制小书等,综合评价学生学习成果,表彰优秀学生	教学单元结束后

五、评价结果分析与反馈

(一)优势

观察与表达兴趣浓厚:一年级学生对动植物等自然事物充满好奇,在观察活动中表现积极,能主动发现并描述一些明显特征。例如,在校园植物观察中,很多学生能说出花朵的颜色、树叶的形状等,且乐于在课堂上分享,口头表达虽简单但充满热情,展现出较强的观察和表达意愿。

形象思维助力艺术创作:在跨学科任务如绘制"我的植物朋友"手抄报时,学生凭借丰富的形象思维,能将植物形象用鲜艳色彩和独特构图呈现,画面充满童趣。部分学生还能为画作配上简单文字说明,如"这是向日葵,它向着太阳笑",体现出一定的语文与艺术结合能力,在艺术创作方面有较好表现。

(二)不足

知识整合能力弱:学生虽能分别掌握一些语文和科学的基础知识,但在将两者融合运用时存在困难。如在写关于动物的小短文时,虽能描述动物外形,但难以结合其生活习性、生存环境等科学知识进行深入介绍,往往只是简单罗列,缺乏内在逻辑联系,知识综合运用能力欠缺。

抽象概念理解困难：对于科学中的一些抽象概念，如四季更替的原因、动植物的生命周期，学生理解起来较为吃力。在课堂提问和作业反馈中发现，学生多只能记住简单现象，对背后原理的理解较为模糊，难以用自己的语言进行解释，反映出在抽象思维和深度理解方面有待提升。

六、案例反思与展望

（一）反思

1. 评价指标

整体上评价指标较为全面，涵盖了科学知识掌握、语文表达运用、学习态度与参与度、实践创新能力等方面，符合一年级学生的认知发展水平和跨学科教学目标。但部分指标的描述和区分度有待细化，例如在语文表达能力中，对于不同层次的语句通顺度和逻辑性缺乏更明确的界定，导致在评价时可能存在一定主观性。在科学知识理解方面，对简单知识和稍复杂知识的权重划分不够清晰，使得评价结果难以精确反映学生在不同难度知识上的掌握情况。

2. 评价方法

教师评价通过课堂观察和作业批改能较为系统地了解学生的学习表现，但在课堂观察中，由于学生人数较多，有时难以全面细致地记录每个学生的即时反应和细微表现。学生自评和互评活动有效地激发了学生的学习积极性和主动性，促进了学生之间的交流与学习。然而，在自评和互评过程中，一年级学生可能因表达能力有限或缺乏评价经验，部分评价内容较为简单和表面，未能深入挖掘学习过程中的关键问题。表现性评价如手抄报制作等任务，能很好地考查学生的综合能力，但在任务设计上，对于一些基础较弱的学生可能难度偏高，导致部分学生在完成任务时存在较大困难，影响了评价的全面性和客观性。形成性评价贯穿教学过程，能及时反馈学生学习进展，但在实施过程中，由于需要频繁记录和分析数据，增加了教师的工作量，且有时会因教学节奏紧凑而不能充分利用形成性评价结果及时调整教学。总结性评价在单元结束后对学生整体学习成果进行评估，具有一定的总结和反馈作用，但在题型和考查内容上，与实际教学中的一些重点活动结合不够紧密，部分学生在考试中难以将所学知识灵活运用。

3. 评价过程

评价过程整体较为顺利，但在数据收集和整理环节确实存在耗时较长的问题。例如在学生作品收集、课堂表现记录汇总等方面,需要花费大量时间进行分类、统计和分析,这不仅影响了教学进度,也可能导致部分数据在时效性上有所折扣,不能及时为教学改进提供有力支持。在组织学生自评和互评活动时,初期需要花费较多时间引导学生熟悉评价流程和标准,一定程度上影响了课堂效率。此外,在评价过程中各评价主体之间的沟通协作还可以进一步加强,如教师与学生之间在评价结果反馈后的交流深度不够,学生对教师评价的理解和接受程度有待提高,学生之间在互评后的相互学习和改进措施落实不够到位。

(二)成功经验

互评活动的积极影响:学生对互评活动表现出了较高的热情和参与度,在互评过程中,他们能够认真观察同伴的作品和表现,积极发表自己的看法和建议。通过这种方式,学生不仅学到了他人的优点和长处,还增强了自身的批判性思维和语言表达能力。例如,在手抄报互评中,学生会指出画面布局、色彩搭配、文字内容等方面的优点和不足,同时也会从同伴那里获得新的创意和灵感,促进他们在后续学习中积极改进和创新。

主题式教学的吸引力:以自然事物为主题的跨学科教学内容,如"植物的奥秘""动物的世界",极大地激发了一年级学生的好奇心和探索欲。学生在学习过程中积极主动地观察、思考和表达,将语文知识与科学知识自然地融合在一起。例如在学习植物相关知识时,学生在语文课上用生动的语言描述植物的形态和颜色,在科学课上探究植物的生长环境和生命周期,这种主题式教学有效地提高了学生的学习兴趣和学习效果。

(三)改进方向与期望

1. 优化评价指标体系

进一步细化评价指标,根据一年级学生的具体学习能力和发展阶段,将每个维度的指标进行分层描述,明确不同层次的具体表现标准。例如,在语文表达能力方面,可分为基础表达(语句通顺、能正确描述事物)、进阶表达(语句连贯、有一定逻辑顺序、能运用简单修辞手法描述)和高级表达(语言生动形象、逻辑清晰、能详细准确地阐述科学现象或事物特点)等层次,使评价结果更具针对性和区分度。同时,合理调整各指标的权重,突出跨学科核心素养和关键能力的重要性,如加大知识融合运用和实践创新能力的权重,引导教学更加注重培养学生的综合能力。

2. 改进评价方法

提升教师评价效率：利用信息技术手段辅助教师评价，如使用课堂教学软件记录学生的课堂表现，包括发言次数、参与小组讨论的活跃度、回答问题的准确性等数据，便于教师快速、全面地了解学生的学习情况。在作业批改方面，探索使用智能批改工具对一些客观性作业进行初步批改，教师再进行复查和重点问题讲解，节省时间和精力，提高批改效率。

深化学生自评与互评指导：在开展自评和互评活动前，教师要给予更详细、具体的指导，通过实例示范和小组模拟评价等方式，帮助学生掌握评价的方法和技巧。例如，在评价语文写作时，教师可以展示不同水平的作文样本，并详细讲解如何从内容、结构、语言等方面进行评价，引导学生学会提出有建设性的意见和建议。同时，鼓励学生在自评和互评过程中进行反思和总结，制订个人的学习改进计划，并在后续学习中跟踪落实情况。

优化表现性评价任务设计：根据学生的个体差异，设计分层的表现性评价任务，为基础较弱的学生提供更具引导性和基础性的任务。例如：制作简单的植物或动物卡片，要求写上名称和一两个关键特征；对于能力较强的学生，则布置更具挑战性和创造性的任务，如创作科学小故事或设计小型科学实验报告。这样可以确保每个学生都能在自己的能力范围内参与表现性评价，充分展示自己的学习成果和能力水平。

3. 加强评价过程管理

提高数据收集与整理效率：建立数字化的评价数据管理平台，教师可以通过手机或电脑等终端设备实时上传学生的课堂表现、作业成绩、作品图片等数据，平台自动进行分类、统计和分析，生成可视化的评价报告，大大缩短数据处理时间，提高评价工作的时效性。同时，利用平台的数据分析功能，教师可以快速了解学生的学习趋势和存在的问题，为教学决策提供有力依据。

增强评价主体间的沟通协作：加强教师与学生之间的沟通反馈，在评价结果公布后，教师要及时与学生进行一对一或小组交流，详细解释评价结果的依据和意义，帮助学生理解自己的优势和不足，并共同制定改进措施。促进学生之间的合作学习，在互评后组织小组讨论和合作改进活动，让学生在相互交流和帮助中共同提高。例如，在手抄报互评后，将学生分成小组，共同讨论如何改进自己的作品，然后合作完成一份新的手抄报,进一步巩固学习成果和提高团队协作能力。

通过对本次跨学科教学评价案例的全面反思和改进,期望在未来的教学中能够构建更加科学、高效、公平的评价体系,充分发挥评价的诊断、激励和导向作用,促进一年级学生在语文与科学跨学科学习中实现更好的发展,培养他们的综合素养和创新能力,为后续的学习奠定坚实的基础。同时,也为跨学科教学评价的实践探索提供有益的参考和借鉴,推动跨学科教育不断发展和完善。

5.2　数学跨学科学习评价

数学与科学、物理、工程等多个学科有着密切的联系。在名为"建筑中的数学奥秘"的跨学科课程中,学生利用数学原理来估算建筑结构的尺寸和材料的使用量。从数学应用的视角出发,我们评估学生在处理几何形状时的计算技巧,例如,计算建筑结构中三角形和矩形的稳定性数据,以及如何运用比例关系来确定建筑各部分的合适尺寸。在探讨与科学的融合时,我们需要评估学生是否能够利用数学模型来阐释科学的基本原理,如通过数学公式来探讨建筑材料的力学特性与建筑的稳定性之间的联系。如果涉及工程实践,如建筑模型的制作,还需要评估学生在实际操作中对数学计算结果的应用能力,模型的构建是否满足数学计算的准则,以及在团队协作中运用数学原理解决实际问题的能力,如在团队分工中合理分配材料的用量。

案例一

《消寒图中 9 的乘法口诀》

一、评价背景与目标

小学一、二年级学生年龄小,对世界充满强烈的好奇心和求知欲,但其注意力难以长时间集中,单一学科教学易让他们感到枯燥,学习积极性不高。随着教育改革的不断推进,培养学生的综合素养已成为教育的重要目标。跨学科教学能够打破学科界限,整合不同学科的知识和方法,为学生提供更加丰富和多元的学习体验。基于此开展此次跨学科教学,旨在激发学生的学习兴趣,提升学生的综合素养,让学生在轻松愉快的氛围中学习知识、培养能力,适应课程改革的新要求。通过此次跨学科教学评价,期望能够促进学生对数学 9 的乘法口诀、传统文化九九消寒图及美术知识的理解与运用;培养学生的学习兴趣,激发学生的探索欲望;锻炼学生的创新思维和实践能力,提升学生的综合素养;引导学生学会合作交流,增强学生的团队意识。

二、跨学科教学内容

本次跨学科教学涵盖数学、传统文化和美术三个学科:

数学:教师引导学生学习9的乘法口诀,通过多种形式的练习,如背诵口诀、对口诀、利用口诀解决简单的数学问题,让学生熟练掌握9的乘法口诀,理解其运算规律和在生活中的应用。

传统文化:引入九九消寒图,介绍其历史渊源、文化内涵以及制作方法。九九消寒图是古人记录冬至后天气变化的一种方式,从冬至开始,每天涂染一格,九九八十一天后,春天便来临,蕴含着古人对自然规律的观察和对美好生活的期待。

美术:在学生了解九九消寒图后,引导学生运用美术知识进行创意绘制。学生可以根据自己的喜好和理解,选择不同的绘画风格和材料,如彩色铅笔、水彩、剪贴画,对九九消寒图的图案进行设计和装饰,让消寒图更具艺术美感。

教学过程

引导:9的乘法口诀应用十分广泛。例如,中国人一直有"数九"的习俗,是中国民间计算寒暖日期的方法:每年从冬至这天开始,每九天算一个"九"。屏幕上的九九消寒图就利用9的乘法口诀计算日期,图上9朵梅花,每朵花上有9个花瓣。这样从冬至开始,每过一天就画一笔,9天就花完了一朵梅花。

那么要把在这9朵花都画完是多少天呢?用的哪句口诀?

预设:九九八十一。

引导:那今天我们一起来探究关于9的乘法口诀吧。请同学们先想一想,在之前的学习探究7和8的乘法口诀时我们经历了哪些过程?

预设:我们经历了"明意义、列算式、编口诀、用口诀"。

引导:你帮我们回顾了学习乘法口诀的方法,利用儿歌和表格明确是几个几相加,列出算式,根据规则编写口诀。接下来你能运用这样的方法,自己编写9的乘法口诀吗?编写完成后可以和你的同位交流一下。

学生活动:填完成学习任务单,教师巡视,提示读写姿势。

引导:哪组同学,想跟我们分享一下你们编写的口诀?

学生交流,投影学习探究单。(两位同学,一位同学 4 句,一位同学 3 句,领着全班一起再分享 2 句。)

预设:1 个 9 是 9,算式是 $1 \times 9 = 9$,口诀是一九得九……

引导:你们觉得他们说得好不好? 好在哪里?

预设:他们声音洪亮;他们说得很清楚……

引导:谢谢两位同学的分享。你和他们编的口诀一样吗? 我们一起来读一读自己编写的口诀吧。一边拍手一边读。

小结:同学们读得很有韵律。刚才我们迁移之前的方法,顺利编写出了 9 的乘法口诀。

引导:请同学们数一数,9 的乘法一共有几句?

预设:9 句。

引导:这比我们之前学习的口诀句数都多,那我们怎么来记住它们呢? 其实,9 的乘法口诀中有很多帮助我们记忆口诀的小窍门,你发现了吗?

(1) 数字顺序规律。

预设 1:第一个数字是"从一到九",第二个数字都是"九"。

引导:你很善于观察。那口诀中的前两个字,也就是算式中的哪一部分?

预设:因数。

追问:那么一九、二九一直到九九表示什么?

预设:表示几个九相加。

引导:你表达得真清楚! 还有什么发现?

预设:口诀的得数,一个比一个多 9。

引导:我们看看是不是这样,我们可以利用他的发现推算出口诀的得数。除此以外,9 的乘法口诀还有自己独特的规律,你再仔细看看有什么发现?

(2) 积的个位和十位相加等于 9。

预设 2:除了一九得九,其他的积的个位和十位的数相加都等于 9。(课件出示)

追问:我们一起来验证一下,看看是不是这样。

引导:二九十八(十位是 1,个位是 8,$1 + 8 = 9$),的确是! 三九二十七(十位上 2,个位是 7,$2 + 7 = 9$),也符合! 你也找两个试试。(指明说两个)他的这个发现真有意思,给我们提供了一个记口诀的好方法!

追问:还有其他发现吗?

（3）积的个位和十位的位置颠倒。

预设 3:积的个位和十位的位置是颠倒的。

追问:哪里颠倒的? 你能上来给我们指着说一说吗?

预设:同学们看明白了? 你观察得很仔细,掌声送给他。

引导:其实 9 的乘法口诀中还有帮助我们记住它的小秘密,你们想知道吗? 让我们借助图形,看看会有什么发现吧。

出示方格图。

引导:请同学们数一数,这里有几个小正方形?

预设:10 个。

引导:那这是几个圆片?

预设:9 个。

追问:你为什么这么快就有答案了?

预设:它比 10 个少 1 个,所以是 9 个。

引导:你的思维很敏捷,谢谢你的好方法。这些圆片表示 1 个 9,也就是我们口诀中的"一九",它比 1 个 10 少 1,也就是 10 + 1 = 9。

引导:我们再来看,现在一共有多少个小正方形?

预设:20 个。

引导:二九就是 2 个 9,二九比 20 少几?

预设:少 2。

引导:也就是 20 - 2 = 18。

引导:三九就是比几十少几? 谁来继续说一说?

预设:三九比 30 少 3,(师追问:怎样用算式表示?)也就是 30 - 3 = 27。

引导:你太棒了,找到了口诀中的小秘密。那接下来,请同学们闭上眼睛想一想,"四九"的图形应该是什么样的呢? 睁开眼睛看看,一样吗? 那四九就是比几十少几?

预设:四九比 40 少 4,(师追问:怎样用算式表示?)也就是 40 - 4 = 36。

引导:口诀中的小秘密也被你找到了。谁能来继续说? 五九呢? 六九呢? (你说得很清楚,你说得也很明白。)

引导:同学们都找到诀窍了吗? 让我们一起说一说吧!

预设:七九比 70 少 7,算式是 70 − 7 = 63;八九比 80 − 8,算式是 80 − 2 = 72;九九比 90 少 9,算式是 90 − 9 = 81。

引导:看来同学们都在刚才的过程中有所发现,谁能试着用一句话把这个规律总结出来?

预设:几九就是几十减几。

引导:那就用这个小规律来帮帮忙吧。如果老师忘记了五九是多少了,该怎么办? 忘记八九呢?

预设 1:想 5 个 10 减 5(50 − 5 = 45);想 8 个 10 减 8。

引导:同学们这个发现真是太了不起了,这样就能够帮助我们迅速记忆 9 的乘法口诀。其实我们的小手也可以用来记 9 的乘法口诀,你们想知道吗? 让我们伸出双手一起来试一试吧。(播放视频。)

播放到"二九十八"暂停。

引导:二九的二是怎么表示的?

预设:弯曲的手指。(继续播放)

播放到"六九五十四"之后停。

引导:接下来,七九该怎样表示呢? 快动动手指。我们来看看对不对。(继续播放)

引导:刚才我们发现了这么多的小规律,那就用你喜欢的方法,来记一记 9 的乘法口诀吧。

学生独立记忆、同桌互相记忆口诀。

引导:同学们记住 9 的口诀了吗,接下来谁能接受挑战?

六九( ) 三九( ) (   )五十四 (   )八十一 (   )三十六

引导:四九三十六这句口诀,表示什么意思? 可以用哪个算式表示?

追问:还有哪个口诀得数是三十六的? 它表示什么意思?

学生交流。

引导:"九九八十一天,九尽桃花开,春深日月暖。"从寒冷的冬天到温暖的春天,通过今天的学习,我们知道了 9 的口诀可以结合习俗计算气候变化的日期。除了刚才这个梅花的九九消寒图,还可以用文字和图形来进行记录。

追问:你能自己设计一个九九消寒图吗? 我们下节课一起交流你的想法吧。

三、评价指标介绍

评价指标介绍如表 5-3 所示。

表 5-3　评价指标

评价主体	评价方式	评价内容
教师评价	课堂观察	观察学生在课堂上的参与度,是否积极回答数学问题、讨论传统文化知识,以及在美术创作时的表现,与小组成员的合作情况等
	作业评价	反馈学生与 9 的乘法口诀相关的作业,以及制作九九消寒图的完成情况,包括数学计算的准确性、文化知识的理解和美术呈现效果
学生自评	自我评价	学习活动结束后,学生根据自己在课堂上的表现,是否积极参与讨论、是否掌握了 9 的乘法口诀,对九九消寒图文化内涵的理解程度以及美术创作的满意度等进行简单评价
学生互评	互相评价	学生互相评价同伴制作的九九消寒图,从数学知识运用准确性、文化元素体现、美术创意、美观度等方面进行评价
表现性评价	完成特定任务	让学生完成利用 9 的乘法口诀设计一个与九九消寒图相关的数学游戏,并结合美术设计进行展示,展示综合能力
形成性评价	贯穿教学过程	每节课预留几分钟让学生自评和互评,教师观察记录学生的表现,及时给予指导和反馈
总结性评价	教学单元结束后	组织学生进行成果展示活动,展示自己制作的九九消寒图和设计的数学游戏,根据评价指标进行打分

四、评价实施过程

教学开始前,通过简单的问卷了解学生对 9 的乘法口诀、九九消寒图和美术基础知识的已有认知,以便在教学中有的放矢。教学过程中,每节课预留 5～10 分钟让学生进行自评和互评。学生自评时,填写简单的自我评价表,从学习态度、知识掌握、创作表现等方面进行评价;互评时,学生互相填写评价表,对同伴的表现进行评价。教师在课堂上随时观察学生的表现,并记录在课堂观察记录表中。在完成一个教学单元后,组织一场小型的成果展示活动。学生展示自己制作的九九消寒图和设计的数学游戏,教师和其他学生根据评价指标进行打分和评价。收集和整理评价数据时,使用专门的表格记录学生的课堂表现,将学生的自我评价表、互评表以及教师的课堂观察记录表分类整理;将学生的作品拍照保存,并按照不同的评价维度进行分类,以便后续分析。

五、评价结果分析与反馈

通过对评价结果的分析,发现学生在美术创作方面表现出较高的热情和创造力,大部分学生能够将9的乘法口诀正确运用到计算天数中,对传统文化九九消寒图的内涵也有一定的理解。然而,在知识的综合运用方面存在不足,部分学生在设计数学游戏时,虽然能够运用乘法口诀,但不能很好地将九九消寒图的文化内涵和美术元素融入其中。将评价结果反馈给学生时,召开设计的评价反馈环节。在课堂上,展示优秀作品并给予表扬,让学生分享自己的创作思路和经验。同时,针对存在的问题,如知识综合运用不足,提出具体的改进建议。例如,鼓励学生在设计数学游戏时,增加与九九消寒图相关的文化元素和美术装饰,再次进行练习。根据评价结果,调整后续的教学策略。增加一些知识综合运用的练习活动,如让学生根据九九消寒图编写数学故事并绘制插画;提供更具挑战性的任务,如让学生设计一个包含9的乘法口诀、九九消寒图文化和美术创意的主题宣传海报,以满足不同学生的学习需求。

六、案例反思与展望

在整个跨学科教学评价过程中,评价指标基本能够涵盖学生的学习表现和能力发展,但还可以进一步细化,使其更具针对性。评价方法总体有效,学生对互评活动表现出较高的积极性,促进了彼此的学习和交流。然而,评价过程中也存在一些问题,如评价数据的收集和整理耗时较长,影响了教学进度。在未来的跨学科教学评价中,期望进一步优化评价指标体系,根据不同的教学内容和目标,制定更加精准的评价指标;探索利用信息化手段,如在线评价,提高评价数据的收集和分析效率,让评价更好地服务教学,促进学生全面发展。

案例二

《购物小能手》

一、评价背景与目标

小学一、二年级的学生年龄小,有强烈的好奇心和求知欲,但注意力难以长时间集中,单一学科教学可能会让他们感到枯燥。基于提升学生综合素养、激发学习兴趣以及适应课程改革的需求,开展跨学科教学。

本次跨学科联动课堂旨在让低年级学生通过模拟购物场景,实现语文和数学知识的融合应用。数学方面,学生能掌握简单加减法运算,认识人民币面额;语文方面,学生能清晰表达购物需求,书写简单购物清单。

二、跨学科教学内容

1. 情境导入:教师在教室布置模拟超市,摆放各类带有价格标签的文具、玩具和零食。通过播放超市购物视频,引入"购物小能手"主题。

2. 知识讲解:数学老师讲解人民币面额换算,如 1 元 = 10 角、5 元 = 50 角,以及简单加减法计算总价和找零;语文老师指导学生学习购物常用词汇,如"购买""付款""找零",并进行简单对话练习,如"我想要买……""请问多少钱?"。

3. 实践活动:学生分组,每组获得一定金额的"模拟人民币",进行购物活动。在购物过程中,学生需要运用数学知识计算价格,用语文知识交流购物需求。

三、评价指标介绍

1. 教师评价:观察学生在购物过程中的数学计算准确性,如计算总价、找零时是否正确;语文表达是否清晰流畅,能否准确说出商品名称、数量和价格,语法是否正确。根据学生表现,从数学运算能力、语文表达能力两方面打分评价。

2. 学生自评:活动结束后,学生填写自我评价表,反思自己在购物活动中数学计算的自信程度、是否能顺利完成计算,以及语文表达方面是否勇敢开口、语句是否通顺,从学习态度和自我认知角度进行自我评价。

3. 小组互评:小组成员相互评价,评价内容包括在小组购物活动中,成员对数学知识的运用是否积极、协助计算是否准确,语文交流时倾听他人发言是否认真、回应是否恰当,从团队协作和沟通交流角度给出评价意见。

四、评价实施过程

教学开始前,通过简单的问卷或谈话了解学生的已有知识和经验,为教学提供参考。重视多维评价给学生带来的重要作用,因此在教学过程中通过教师评价,给予学生准确客观的指导,学生自评引导学生发现身边同学的闪光点,让学生相互学习,小组互评发挥小组合作优势,增强学生间的交流进步。

五、评价结果分析与反馈

1. 教师评价:从数学运算维度看,约 70% 的学生能准确计算简单商品总价与找零,如购买两件价格为个位数的商品。但在处理稍复杂运算,像涉及小数或连续加减法时,约 30% 的学生出现错误。语文表达上,80% 的学生能清晰说出购物需求,不过在语法规范度上,仅有 60% 的学生能完全正确使用句式,存在语句不通顺或用词不当的情况。

2. 学生自评:大部分学生对自己在活动中的参与度评价较高,平均得分达 8 分(满分 10 分)。但在数学运算自信度方面,只有 50% 的学生给自己打 8 分以上,表明部分学生虽积极参与,但对自身数学能力缺乏信心。在语文表达自评中,超 70% 的学生认为自己表达勇敢,然而在表达清晰程度上,仅有 60% 的学生给自己高分。

3. 小组互评:团队协作维度,各小组协作情况良好,平均得分 8.5 分,成员间能相互配合挑选商品、计算价格。但在沟通交流方面,约 25% 的小组反馈存在成员倾听不认真的情况,影响购物效率,部分学生只顾表达自己的想法,忽视他人意见。

反馈方面

1. 给学生的反馈:针对数学运算错误,为学生提供更多类似购物场景的计算练习,强化薄弱知识点。对于语文表达问题,鼓励学生日常多阅读,积累词汇与句式,提升表达准确性。表扬积极参与的学生,鼓励缺乏自信的学生多尝试,逐步增强信心。

2. 给教师的反馈:后续教学中,数学教师在讲解运算时,增加实际生活案例,如水电费计算、买菜算账,加深学生理解。语文教师设计更多口语表达活动,如角色扮演、小组讨论,提升学生的语言运用能力。教师须共同关注学生在跨学科活动中的团队协作与沟通技巧培养,引导学生学会倾听与表达。

六、案例反思与展望

1. 优点:通过模拟购物场景,成功激发了低年级学生的学习兴趣,让抽象的数学和语文知识变得直观易懂。跨学科融合使学生在同一情境中运用多学科知识解决问题,有效提升了知识的综合运用能力,打破学科界限,增强了学生对知识的系统性认知。小组合作的形式锻炼了学生的团队协作能力,促进学生相互学习、共同进步。

2. 不足:在知识讲解环节,部分学生对人民币面额换算和复杂句式理解较慢,教学进度难以兼顾全体学生。实践活动中,个别小组过于关注购物乐趣,忽视数学计算和语文表达的准确性,教师现场引导和监督不够及时。评价过程中,学生自评和互评的标准不够细化,导致部分评价结果不够客观。

未来展望

1. 分层教学：根据学生学习能力和知识掌握程度，设计分层教学内容。对于基础薄弱的学生，在购物场景中设置更简单的商品价格和对话任务，进行一对一辅导；对于学习能力较强的学生，增加商品种类和价格的复杂性，提出更高的语言表达要求，如描述商品特点、进行价格比较。

2. 优化评价体系：制定详细、可操作的自评和互评标准，如数学计算准确性、语文表达流畅性、团队协作贡献度等维度，每个维度细化为具体的评价指标，让学生评价有明确依据。同时，引入家长评价，家长观察学生在日常生活购物中的表现，反馈学生知识运用情况，使评价更全面。

3. 拓展教学内容：增加购物场景的多样性，如线上购物、促销活动购物，融入更多学科知识，如科学学科中商品成分、环保知识，道德与法治学科中消费者权益保护，让学生在更丰富的情境中实现多学科知识融合，全面提升自身的综合素养。

5.3 英语跨学科学习评价

将英语与文化、艺术和信息技术等领域结合，可以为学生提供更广泛的语言应用机会。在"英语电影配音与文化探索"这一项目中，学生首先需要拥有坚实的英语基础，并对其语音和语调的准确性、词汇的适当性进行评估，以判断他们在配音过程中是否能够准确地传达角色的情感和语调。从文化的视角出发，评估学生对于电影所揭示的文化背景的认识水平，并考察他们在配音时是否能够融入文化元素，例如，在为一部美国电影进行配音时，是否能展现出美国文化的幽默和自由特质。在信息技术的整合过程中，我们需要评估学生使用音频编辑软件进行配音和制作的技能，如剪辑和混音的熟练度，并且具备使用网络资源来搜集与电影有关的文化信息的技能。

案例一

《书包里的奇妙世界：探索知识与创意的交汇》

一、评价背景与目标

小学一、二年级的学生正处于认知发展的关键阶段，他们具有强烈的好奇心和求知欲，对周围的世界充满了探索的兴趣。然而，由于年龄较小，他们的注意力难以长时间集中,单一学科的教学模式可能会让他们感到枯燥,进而影响学习效果。为了适应学生的认知特点,提升他们的学习兴趣和综合素养,开展跨学科教学。

1.促进学生对不同学科知识的理解与运用:通过跨学科教学,帮助学生在实际情境中综合运用语文、数学、英语等学科的知识,提升他们的综合学习能力。

2.培养学生的学习兴趣:通过多样化的教学活动和跨学科的整合,激发学生的学习兴趣,使他们在轻松愉快的氛围中主动参与学习。

3.培养学生的创新思维和解决问题的能力:通过跨学科的教学设计,鼓励学生在面对问题时,能够从多个角度思考,提出创新的解决方案。

4.提升学生的综合素养:通过跨学科教学,帮助学生在知识、技能、情感态度等方面得到全面发展,为他们的终身学习奠定基础。

二、跨学科教学内容

围绕"书包里的奇妙世界"这一主题,整合语文、数学、英语、艺术和生活与品德等学科,设计一个连贯且富有英语特色的教学活动。首先,教师展示图片,引导学生观察并描述图中的书包、书本和文具,通过阅读图片中的英文对话(如"Bye, Dad!""This is my book.""Thank you!"),学习基础英语词汇和日常用语,培养学生的英语听说能力。接着,学生数一数书包里的物品数量,进行分类和简单的加减法练习,将数学知识融入实际情境。在语文环节,学生分组讨论对话内容,理解礼貌用语和分享的意义,提升语言表达能力。随后,学生通过绘画或手工制作属于自己的书包和文具,展示个人创意,体现艺术学科的动手能力和创造力。最后,教师引导学生讨论如何与他人分享物品以及使用礼貌用语的重要性,结合生活与品德学科,培养学生的社交技能和良好品德。通过这一系列连贯的教学活动,学生不仅能够在多学科中获取知识,还能在实际情境中综合运用,提升学习兴趣和综合素养。

三、评价指标介绍

评价指标介绍如表5-4所示。

表5-4 评价指标

评价方法	具体实施方式	评价指标
教师评价	通过课堂观察、作业批改等方式,记录学生的学习表现	课堂参与度:学生是否积极回答问题、参与讨论; 作业完成质量:是否准确完成数学练习、英语词汇掌握情况; 语言表达能力:是否能清晰表达自己的想法

续表

评价方法	具体实施方式	评价指标
学生自评	学习活动结束后,学生根据自己的表现进行简单评价	参与度:是否积极参与课堂活动; 学习收获:是否学会了新的知识(如英语词汇、数学概念); 自我反思:是否有需要改进的地方
互评	组织学生互相评价同伴的作品或表现,促进交流和学习	作品创意:同伴的书包和文具制作是否有创意; 合作能力:在小组讨论中是否积极与同伴合作; 礼貌用语:是否使用礼貌用语进行交流
表现性评价	让学生完成特定任务,如制作一份关于"我的书包"的手抄报(语文与美术跨学科)	综合能力:手抄报内容是否完整、有创意; 学科融合:是否结合语文和美术知识; 表达能力:是否能清晰展示书包里的物品及其用途
形成性评价	在教学过程中持续关注学生的学习进展,及时反馈	学习态度:是否认真听讲、积极参与; 知识掌握:是否逐步掌握英语词汇、数学概念; 进步情况:与之前相比是否有明显进步
总结性评价	在教学单元结束后,对学生的整体学习成果进行评估	综合表现:在语文、数学、英语、艺术等学科中的整体表现; 学习成果:是否能独立完成跨学科任务; 创新能力:是否在作品中展现独特创意

四、评价实施过程

在教学过程中,围绕"书包里的奇妙世界"主题,在教学开始前通过简单的问卷或谈话了解学生对书包里物品的已有知识和经验,以便调整教学内容和方法。教学过程中,通过展示微信图片和文字内容引入主题,引导学生分享书包里的物品并描述其奇妙之处,同时进行角色扮演或故事讲述等活动,增强互动性和趣味性。每节课预留几分钟,让学生进行自评和互评,使用评价表记录学生的课堂表现,如参与度、合作能力和理解程度,以便及时调整教学策略。在完成一个教学单元后,组织一场小型的成果展示活动,让学生展示他们的作品(如绘画、故事书或手工艺品),并根据预先设定的评价指标(如创意、表达、合作等)进行打分。为了系统收集和整理评价数据,使用表格记录学生的课堂表现,并将学生的作品分类保存,建立个人档案袋,以便跟踪学生的进步并让他们看到自己的成长。通过这种教学和评价相结合的方式,全面了解学生的学习情况,促进学生全面发展。

五、评价结果分析与反馈

围绕"书包里的奇妙世界"主题，通过深入分析评价结果，发现学生在艺术创作方面表现出色，能够通过绘画、手工艺品等形式生动地展现书包里的奇妙世界，展现出丰富的想象力和创造力；然而，在知识的综合运用上存在欠缺，部分学生在将不同学科知识（如科学、文学、数学等）融入主题学习时表现出一定的困难，难以将所学知识有效整合并应用于实际问题的解决。为了将评价结果反馈给学生，召开专门的评价反馈课，展示优秀作品并给予表扬，增强学生的自信心和学习动力，同时针对存在的问题提出具体的改进建议，例如，通过小组合作活动或跨学科项目，帮助学生更好地理解如何将不同学科知识融会贯通。根据评价结果，调整后续的教学策略，增加相关的练习活动（如跨学科案例分析或综合任务设计）或提供更具挑战性的任务（如要求学生设计一个包含多学科元素的书包奇妙世界故事），以满足不同学生的学习需求，促进他们在跨学科学习中全面发展。

六、案例反思与展望

在"书包里的奇妙世界"跨学科教学评价案例的实践与反思中，首先从评价体系的科学性角度审视，本案例设置的"学科知识整合能力""创意表达""合作探究"等评价指标基本覆盖了跨学科素养的核心维度，但在不同学科权重的分配上仍需细化，例如，美术与科学类任务的评价标准可进一步差异化以提高针对性。其次，评价方法采用"档案袋＋多元主体互评"的组合模式取得显著成效，尤其是学生互评环节激发了参与热情，85％的学生在问卷中反馈"同伴评价帮助自己发现新视角"，这种互动式评价有效促进了深度学习；但过程性数据采集存在效率瓶颈，教师需耗费大量课内外时间整理实物作品、影像记录及互评表格，导致阶段性教学进度延迟约 1.5 课时。针对现存问题，未来改进聚焦三方面：一是构建"基础指标＋学科特色指标"的弹性评价框架，如为"书包结构设计"任务增设工程思维专项指标；二是开发数字化评价工具，借助二维码作品标签系统实现创作过程的可视化追溯；三是建立"AI 助手初筛＋教师复核"的智能分析机制，通过自然语言处理技术快速提取互评中的关键学习反馈，从而提升评价效能，让教学评价真正成为推动跨学科学习的赋能引擎。

案例二

《新交际英语》

一、评价背景与目标

（一）评价背景

小学一、二年级的学生年龄小，具有强烈的好奇心和求知欲，但注意力难以长时间集中，单一学科教学可能会让他们感到枯燥。基于提升学生综合素养、激发学习兴趣以及适应课程改革的需求，开展跨学科教学。

随着全球化进程的加速，英语作为国际交流的重要工具，其学习的重要性日益凸显。在小学阶段开展英语教育，对于培养学生的语言能力、跨文化意识和思维品质具有重要意义。《新交际英语》一年级下册作为外研社专门为小学低年级学生编写的英语教材，紧密贴合《义务教育课程方案（2022年版）》中对小学英语"预备级"的教学要求，旨在通过生动有趣的内容和多样化的教学活动，激发学生对英语的学习兴趣，培养学生的英语综合素养。

一年级学生刚踏入校园，对英语充满好奇与新鲜感，具有较强的学习热情和积极性。他们活泼好动，注意力集中时间较短，形象思维占主导，喜欢通过游戏、歌曲、故事等趣味性强的方式学习。在上学期的英语学习中，学生已初步接触了一些简单的英语单词和日常用语，如数字、颜色、常见的动物名称，能够简单地打招呼和做自我介绍，对英语学习有了初步的认识和体验。然而，由于学生年龄较小，个体差异较为明显，部分学生在语言感知和模仿方面表现出色，能够较快地掌握新知识；而另一部分学生可能需要更多的时间和练习来巩固所学内容。同时，一年级学生在学习过程中容易受到外界干扰，自律性相对较弱，需要教师在教学过程中采用多样化的教学方法和手段，吸引学生的注意力，培养他们良好的学习习惯和学习兴趣。

（二）评价目标

1.知识与技能目标：了解学生对教材中重点单词、句型的掌握情况，包括是否能够听懂、会说、认读并书写相关单词，以及正确运用重点句型进行表达。考查学生的英语语音知识，如26个英文字母的发音，以及一些常见的字母组合发音，评估学生能否正确朗读单词和句子。检测学生在听力、口语、阅读和写作方面的能力发展水平。例如,能否听懂课堂指令、简单对话和短文,获取关键信息;能否在日常交流中运用所学知识表达自己的想法;能否认读教材中的单词、短语和简单句子,理解其大意;能否正确书写所学单词和短语,并能用简单句子进行描述。

2. 过程与方法目标:评估学生在学习过程中是否掌握了有效的学习方法,如记忆单词的方法、预习和复习的方法,培养学生良好学习习惯的达成度。观察学生在课堂活动、小组合作中的参与度和表现,了解学生的自主学习能力、合作学习能力和问题解决能力的发展情况,如是否能够积极参与课堂讨论、小组项目,与同学合作交流解决问题。

3. 情感态度与价值观目标:了解学生对英语学习的兴趣和态度,是否在学习过程中体验到乐趣和成就感,是否具有积极主动的学习态度。考查学生在学习过程中是否树立了学习英语的自信心,能否克服学习过程中的困难和恐惧心理,是否具有勇于尝试、不怕犯错的学习态度。观察学生在课堂活动中是否具有合作精神和团队意识,人际交往能力是否得到提升。

4. 文化意识目标:检测学生对英语国家基本文化背景知识的了解程度,如动物在英语文化中的象征意义、家庭生活的差异,评估学生国际视野的拓宽程度。考查学生对不同文化的尊重和理解程度,是否能够在跨文化交流中保持开放、包容的态度,避免文化冲突。

二、跨学科教学内容

(一)与音乐学科融合

1. 学唱英文儿歌:在学习动物相关单元时,引入《The Animal Song》这类歌曲。歌曲中包含多种动物的英文单词,旋律轻快活泼,学生在跟唱过程中,不仅能轻松记住动物的英文表达,还能通过歌曲的韵律,感受英语的节奏和语调,提升口语表达的流畅性。

2. 文歌曲创编:鼓励学生根据已学的英语知识,对熟悉的歌曲进行简单的歌词创编。例如,在学习了颜色类单词后,让学生将《Twinkle, Twinkle, Little Star》的歌词进行改编,把"Twinkle, twinkle, little star. How I wonder what you are!"改编成"Red and blue, and green and yellow. These are colors I can know."等。通过这种方式,既加深学生对英语单词的记忆,又激发他们的创造力和音乐表现力。

（二）与美术学科融合

1. 英语绘本创作：当学习完一个故事性的单元后，让学生以小组为单位，根据故事内容创作英语绘本。每个小组分配不同的情节，学生先用英文写下故事内容，然后为每一页配上相应的图画。比如在学习完关于"My Family（我的家庭）"的单元后，学生可以创作一本介绍自己家庭成员的绘本，在画面中画出家人的形象，并在旁边用英文标注家庭成员的称呼以及简单的描述，如"This is my father. He is tall and kind.（这是我的爸爸，他又高又和蔼）"。

2. 绘画作品英文描述：展示一些世界著名的绘画作品，让学生仔细观察后，用所学的英语单词和简单句子对画面进行描述。例如，展示凡·高的《向日葵》，学生可以描述"There are many yellow sunflowers in the picture. They look very beautiful.（画里有许多黄色的向日葵，它们看起来非常漂亮）"。这不仅锻炼了学生的英语表达能力，还培养了他们的艺术鉴赏能力和观察力。

（三）与体育学科融合

英语体育口令：在体育课上，教师使用英语口令来指挥学生进行体育活动，如"Stand up（起立）""Attention（立正）""Run（跑步）""Jump（跳）"。学生听到口令后做出相应的动作，通过反复练习，熟悉这些体育相关英语词汇的发音和含义，能提高听力理解能力和身体反应速度。

三、评价指标介绍

（一）知识维度

词汇：能准确认读、拼写教材中的重点单词，如宠物、动物、身体部位、家居、时间等相关词汇，了解单词的基本含义和用法。

句型：掌握教材中的重点句型，如"This is..." "I have..." "What's this?"，并能在实际情境中正确运用这些句型进行简单的交流和表达。

语音：熟悉26个英文字母的发音，能正确读出常见的字母组合发音，发音基本准确，语调自然，能区分一些简单的语音相似词。

（二）技能维度

听力：能听懂课堂指令、简单对话和短文，获取关键信息，如人物、事物、动作；能听懂与教材主题相关的日常交流内容，并做出相应反应。

口语：能用所学词汇和句型进行日常交流，表达自己的想法和观点，语音语调基本正确，表达较为流畅；能在小组活动和角色扮演中与同学进行简单的英语交流，态度积极主动，表达清晰。

阅读：能认读教材中的单词、短语和简单句子，理解其大意；能阅读与教材难度相当的简短文章，提取关键信息，完成简单的阅读任务。

写作：能正确书写所学单词和短语，注意大小写和拼写规范；能根据提示或要求，用简单句子描述事物、表达想法，如介绍自己的宠物、家庭。

（三）情感态度维度

学习兴趣：对英语学习保持浓厚的兴趣，积极参与课堂活动和课外英语学习，主动完成学习任务，表现出较强的学习积极性和主动性。

自信心：在英语学习中树立自信心，敢于开口说英语，不怕犯错，能够克服学习过程中的困难和恐惧心理，勇于尝试新的学习任务和挑战。

合作精神：在小组活动和合作学习中，能够与同学友好合作，互相帮助，共同完成学习任务，具有团队意识和合作精神，能够倾听他人意见，尊重他人想法。

（四）学习策略维度

记忆策略：掌握一些简单有效的单词记忆方法，如联想记忆、图片记忆，能够根据单词的发音、拼写和意义进行记忆，提高词汇学习效率。

预习复习策略：知道如何预习和复习英语知识，如预习时能认读单词、了解课文大意，复习时能总结归纳所学知识，进行简单的练习和巩固。

自主学习能力：在一定程度上具备自主学习能力，能够在教师的引导下，制订简单的学习计划，自主安排学习时间，主动寻找学习资源，解决学习中遇到的问题。

（五）文化意识维度

文化知识：了解英语国家的一些基本文化背景知识，如动物在英语文化中的象征意义、家庭生活的差异、常见的节日，拓宽国际视野。

文化理解：对不同文化保持尊重和理解的态度，能够在跨文化交流中表现出开放、包容的心态，不排斥或歧视其他文化，能够理解和接受文化差异。

四、评价实施过程

（一）评价前准备

确定评价人员：由英语教师、班主任以及家长共同参与。英语教师负责学业知识与技能评价；班主任观察学生课堂表现、学习态度；家长反馈学生在家学习状态。

准备评价工具：设计课堂表现观察量表，涵盖参与度、合作能力等维度；制作口语测试任务卡，如简单对话、朗读；准备听力测试音频材料，包含教材词汇、简短指令；设计笔试测试卷，考查单词拼写、句型运用。

（二）课堂表现评价

日常观察：英语教师和班主任在日常课堂中，依据观察量表，记录学生课堂参与情况。如学生是否积极举手发言，主动参与小组讨论、游戏等活动，对积极表现学生给予小红花、小贴纸等奖励。

小组互评：定期开展小组活动，活动结束后，小组成员相互评价合作表现，如是否倾听他人意见、是否积极完成分配任务，促进学生反思自身表现，提升合作能力。

（三）口语评价

一对一测试：英语教师与学生进行一对一交流，依据口语测试任务卡内容，如询问学生"What's your name?""How old are you?""What color do you like?"，观察学生发音准确性、表达流畅性和语法正确性，按优秀、良好、合格、待提高四个等级进行评价。

情境对话：设置商店购物、餐厅点餐等生活情境，学生两人一组进行角色扮演，运用所学英语交流，教师观察并评价学生语言运用和应变能力。

（四）听力评价

课堂听力练习：在日常教学中，利用教材配套音频，进行听力练习，如听单词选图片、听句子判断对错，即时反馈学生的听力表现。

集中听力测试：阶段性开展集中听力测试，学生根据听到的内容，完成涂卡、填空、选择等题目，测试后教师详细分析学生听力薄弱点，进行针对性辅导。

（五）评价结果反馈

学生：教师以评语、等级相结合方式，向学生反馈评价结果，肯定优点，指出不足，如"你在口语表达中发音很标准，要是能更自信大胆地表达就更好啦"，并制定个性化学习建议，鼓励学生进步。

家长：通过家长会、家校沟通平台等方式，向家长反馈学生学习情况，分享学生在校表现亮点与需提升之处，如"孩子课堂参与积极，但在家需加强英语阅读练习"，共同促进学生成长。

五、评价结果分析与反馈

（一）评价结果

1. 知识技能：大部分学生对动物、颜色、数字等基础单词掌握较好，认读准确率超80％，但单词拼写部分学生存在困难，尤其字母顺序和书写规范。句型运用上，简单日常对话如打招呼、介绍自己能熟练表达，可在稍复杂情境，如描述物品位置时，超30％学生出现语法错误或表达卡顿。

2. 过程方法：课堂上约70％学生能积极参与互动，但主动提问、深度思考的学生仅占25％。小组合作时，部分学生缺乏团队协作意识，出现独自完成任务或依赖他人现象，约20％小组存在分工不合理问题。

3. 情感态度：超85％学生对英语学习兴趣浓厚，享受课堂游戏、歌曲环节，但面对难度增加的学习内容，15％学生出现畏难情绪，学习积极性下降。

（二）反馈

1. 给学生：表扬积极参与课堂、单词掌握扎实的同学，鼓励大家多开口说英语，别怕犯错。针对薄弱环节，如单词拼写，建议每天花10～15分钟进行书写练习；对于句型运用，课后多模仿课本对话进行情景演练。

2. 给家长：反馈孩子的整体学习情况，感谢家长配合监督作业。建议家长在家营造英语环境，如一起看英语动画、唱英文儿歌；鼓励孩子用英语分享学校趣事，及时给予肯定。

3. 教学改进：设计更多针对性单词拼写练习，如单词拼图、填空游戏；增加复杂情境对话练习，模拟真实场景；加强小组合作指导，明确分工规则，培养团队协作能力；关注畏难学生，提供更多个性化辅导。

六、案例反思与展望

（一）教学案例反思

1. 成功之处：采用大量游戏教学，像"单词卡片翻翻乐"，学生在玩乐中快速记住动物、数字单词，课堂参与热情高涨，尤其在小组竞赛环节，学生积极抢答，强化了知识记忆。情景教学成效显著，模拟"商店购物"场景学句型"Can I have...?""How much is it?"，学生能自然运用英语交流，口语表达更自信流畅，对英语实用性有深刻体会。

2. 不足之处：部分内容进度把控欠佳，复杂句型讲解耗时多，导致口语练习仓促，学生练习不够充分。个体差异关注不足，基础弱的学生在复杂知识学习上吃力，小组活动中参与度低，教师课堂辅导难以全面覆盖。

（二）未来教学展望

1. 优化教学方法：提前精准规划教学内容，合理分配各环节时间，多利用多媒体资源，如动画视频讲解语法知识，让学习更高效。针对不同层次学生设计分层任务，基础弱的学生侧重基础巩固，基础好的学生拓展提升，课后安排一对一辅导，帮助学习困难的学生。

2. 丰富教学资源：开发趣味教学素材，如制作英语小故事绘本、编写简单英语儿歌，激发学生的学习兴趣。建立英语学习交流平台，分享学习资料，学生可在线交流，营造良好的学习氛围。

5.4 科学跨学科学习评价

科学这一学科经常与数学、物理、化学和生物等其他学科产生相互影响和交融。在"生态环境监测与保护"这一跨学科的项目里，学生利用数学原理对环境数据进行了深入的统计和分析，例如，对某一特定区域内的生物种类数量变动进行了统计。从科学知识的角度出发，评估学生对生态系统的结构和功能的认知，以及他们是否能够准确地分析环境监测数据所揭示的生态问题，如通过水质监测数据来判断水体是否受到污染和污染的程度。在进行实验操作时，我们主要评估学生对科学实验方法的熟练程度，以及实验设计的合适性和操作的规范性。例如，在进行土壤成分的检测实验时，学生是否能够准确地收集样本、选择合适的实验试剂和设备。在与其他学科进行融合的过程中，例如，通过运用化学原理来分析污染物的化学构成,并结合地理学的知识来研究生态问题在不同地区的分布模式,以此来评估学生在跨学科知识整合和应用方面的能力。

案例一

海洋里的文字宝藏

一、评价背景与目标

小学一、二年级的学生年龄小,具有强烈的好奇心和求知欲,但注意力难以长时间集中,单一学科教学可能会让他们感到枯燥。基于提升学生综合素养、激发学习兴趣以及适应课程改革的需求,开展跨学科教学。

随着教育理念的不断更新,学校积极推进课程改革,旨在打破学科壁垒,构建综合性的课程体系。跨学科教学作为课程改革的重要方向,鼓励不同学科知识相互渗透。小学语文与海洋教育跨学科教学正是这种改革理念的实践,通过融合文学表达、海洋知识,为学生提供更全面、更立体的学习体验,契合学校课程改革的整体规划。在当今社会,对人才的综合素养要求日益提高。小学阶段作为基础教育的起始阶段,培养学生的综合素养至关重要。通过跨学科教学,学生在学习语文知识的同时,了解海洋生态、海洋文化等内容,能够拓宽视野,培养多维度思考问题的能力,为未来的全面发展奠定基础。

通过跨学科教学评价,了解学生是否能够将语文中的阅读、表达能力运用到对海洋知识的学习和阐述中。例如,能否用通顺的语句描述海洋生物的特点,能否通过阅读海洋科普文章提取关键信息,从而实现不同学科知识的融会贯通,提升知识运用能力。

观察学生在跨学科学习过程中的参与度和积极性,判断是否通过这种新颖的教学方式激发了他们对语文和海洋知识的学习兴趣。例如,学生是否主动参与海洋主题的讨论、是否积极阅读相关书籍,以评价跨学科教学在激发学习兴趣方面的成效。

评估学生在面对跨学科问题时能否提出独特的见解和想法。如在以海洋为主题的创意写作或绘画中,学生是否能突破常规,展现创新思维,以此判断跨学科教学对学生创新能力培养的影响,为后续教学提供改进方向。

二、跨学科教学内容

本次跨学科教学涉及语文学科和海洋教育学科。语文学科注重培养学生的语言表达、词汇积累和阅读理解能力;海洋教育学科则聚焦海洋知识的传授,包括海洋生物、海洋环境等方面,让学生了解海洋,增强海洋保护意识。

教学内容

(一)语文部分

1. 词汇积累:学习与海洋相关的词汇,如"海浪""沙滩""贝壳""螃蟹""海龟",通过图片、实物展示等方式,让学生直观认识这些事物,理解词汇含义。

2. 语句表达:引导学生用所学词汇说简单的句子,描述海洋事物,如"海浪拍打着沙滩""螃蟹在沙滩上横行",并进行简单的扩句练习,提升语言表达能力。

3. 儿歌学习:学习一首关于海洋的儿歌,如《大海像个大画家》,通过朗读、吟唱,感受儿歌的韵律美,加深对海洋的印象。

(二)海洋教育部分

1. 海洋生物介绍:介绍几种常见的海洋生物,如海豚、鲨鱼、章鱼,讲解它们的外形特点、生活习性,让学生了解海洋生物的多样性。

2. 海洋环境认知:展示海洋的图片和视频,让学生观察海洋的颜色、形态,了解海洋的重要性,以及目前海洋面临的一些环境问题,如垃圾污染、过度捕捞,初步树立保护海洋的意识。

教学过程

(一)导入

播放一段海浪拍打着沙滩、海鸥飞翔的视频,提问学生:"同学们,你们知道这是哪里吗?"引导学生回答出"大海",从而引出本次课程的主题——探索海洋。

(二)海洋知识讲解

1. 海洋生物介绍:通过 PPT 展示海豚、鲨鱼、章鱼的图片,向学生介绍它们的特点和生活习性。例如:"同学们,看这只海豚,它有着光滑的皮肤,弯弯的嘴巴好像在对我们笑,它可聪明啦,会表演很多精彩的节目呢,它生活在广阔的海洋里,喜欢和小伙伴们一起玩耍。"

2.海洋环境认知:播放海洋的美丽风光视频,然后展示一些海洋污染的图片,简单讲解海洋污染对海洋生物和人类的危害,提问学生:"我们应该怎么做才能保护大海呢?"鼓励学生积极发言。

(三)语文学习

1.词汇学习:教师拿出准备好的海洋事物图片和实物(如贝壳、小螃蟹玩具),一边展示,一边教学生认读相关词汇,让学生跟着读几遍后,进行开火车读词游戏,巩固词汇记忆。

2.语句练习:教师示范用词汇说句子,如"海龟在大海里慢慢地游",然后让学生模仿说句子,先请几位同学起来说,再让同桌之间互相说,互相纠正。

3.儿歌学习:教师播放《大海像个大画家》的儿歌音频,让学生先听几遍,感受儿歌的节奏。然后,教师带领学生一句一句朗读,理解儿歌中对海洋事物的描述,最后一起跟着音频吟唱。

(四)互动游戏

1.海洋词汇接龙:教师先说出一个海洋词汇,如"海浪",然后请一位同学接着说一个以"浪"字开头的海洋词汇,如"浪花",依次类推,接不上的同学表演一个与海洋有关的小节目,如模仿一种海洋生物的动作。

2.我是海洋小卫士:准备一些写有不同行为的卡片,如"随手把垃圾扔到海里""参加海滩清洁活动""过度捕捞海洋生物""节约水资源",让学生分组抽取卡片,判断卡片上的行为是对海洋有益还是有害,并说明理由,答对多的小组获胜。

(五)课堂总结

总结本节课学习的内容,回顾海洋生物、海洋环境知识以及语文中学到的海洋词汇和儿歌,再次强调保护海洋的重要性,鼓励学生在生活中也要关注海洋,做一个保护海洋的小卫士。

三、评价指标介绍

1.教师评价:教师通过课堂观察,留意学生在课堂讨论、小组活动中的参与度,是否积极回答问题、主动分享对海洋知识的见解;在作业批改中,关注学生对语文知识(如字词书写、语句表达)与海洋知识结合的掌握情况,像作文里对海洋生物特点的描述是否准确生动。以此记录学生的学习表现,为后续教学调整提供依据。

2.学生自评:在学习活动结束后,引导学生根据自身表现进行简单评价。思考自己是否积极参与课堂发言、小组讨论,是否学会了新的海洋相关语文知识,如认识新字词、了解海洋主题文章的写作手法,培养学生自我反思和总结的能力。

3.学生互评:组织学生互相评价同伴的作品或表现,如评价同学关于海洋的作文、绘画作品,或在小组合作中评价他人的贡献。通过互评,学生学会欣赏他人优点,发现自身不足,促进学生之间的交流和学习,提升合作能力和批判性思维。

4.表现性评价:设置特定任务,如让学生制作一份海洋主题手抄报,要求图文并茂地介绍海洋生物、海洋环保知识等。通过完成任务,展示学生在语言文字表达、美术绘图、资料收集整理等多方面的综合能力,全面评估学生跨学科知识运用和实践能力。

5.形成性评价:贯穿教学全过程,教师持续关注学生的学习进展。观察学生在日常学习中对海洋知识和语文知识融合的理解与应用,如课堂提问、小组讨论、日常作业完成情况,及时给予反馈和指导,帮助学生不断改进和提高。

6.总结性评价:在教学单元结束后开展,对学生整体学习成果进行评估。通过考试、综合性作业等形式,考查学生对语文与海洋教学跨学科知识的掌握程度,如对海洋主题课文的阅读理解、以海洋为主题的写作能力,以及对海洋知识的了解,判断学生是否达到教学目标要求。

四、评价实施过程

教学前评价

1.设计简单问卷:问卷以图画和简单文字结合,如展示海洋生物图片让学生圈出认识的,设置"你去过海边吗?"等简单选择题,还有"你知道哪些海洋里的东西?"这样的开放性问题。

2.开展谈话交流:利用课间或课堂起始时间,与学生一对一或小组交流,询问他们对海洋的印象、了解的海洋生物等,记录学生回答,了解其知识储备和兴趣点,为教学内容和方法选择提供依据。

教学中评价(形成性评价)

1.课堂表现观察:教师在授课过程中,观察学生参与课堂互动情况,如是否积极举手回答关于海洋知识的提问、在语文表达海洋相关内容时的表现,并及时记录在专门的课堂表现记录表中。

2. 小组讨论评价：组织小组讨论海洋相关话题，如"如果去海洋探险你想带什么"，观察学生在小组中的交流表现，包括语言表达、倾听他人、合作态度等，小组讨论结束后，教师简要评价并记录。

3. 学生自评互评：每节课预留 3～5 分钟，让学生针对本节课学习内容和自身表现进行自评，如"今天我学会了几个海洋生物的名字""我回答问题时声音够响亮吗"，然后，同桌互评，说说对方的优点和可改进之处，教师巡回指导并收集评价信息。

教学后评价（总结性评价）

1. 成果展示活动：教学单元结束后，组织小型成果展示活动，学生可选择绘画海洋场景并配上文字介绍、讲述海洋故事、朗诵与海洋有关的诗歌等形式展示学习成果。

2. 评价指标打分：依据表达准确性、内容丰富度、创意新颖度、展示自信度等评价指标，教师和学生共同打分。教师占总分 60%，学生互评占 40%，确保评价全面客观。

评价数据收集与整理

1. 课堂表现记录：使用课堂表现记录表，按学生姓名顺序记录发言次数、参与活跃度、表现亮点等，每周进行一次汇总分析，了解学生学习状态变化。

2. 学生作品整理：将学生的绘画、手工等作品分类保存，贴上标签注明学生姓名、作品主题和完成时间，定期对作品进行分析，评估学生在语文能力和海洋知识理解上的提升。

3. 评价表汇总：把学生自评互评表、成果展示评价表统一收集，录入电子表格，统计各项得分情况，生成成绩分析图表，直观呈现学生学习成果和存在的问题，为后续教学改进提供数据支持。

五、评价结果分析与反馈

（一）评价结果分析

本次评价涵盖知识掌握、能力应用、情感态度多个维度。在知识掌握方面，学生对海洋生物名称、简单海洋特征相关字词的认读和书写表现尚可，多数学生能准确识别并书写"鱼""海""贝壳"等常见字词，识字率达 80%。但对于一些较复杂的海洋生物名称，如"海马""海星"，部分学生出现混淆或书写错误。

能力应用上,学生在艺术创作环节表现突出,如绘制海洋主题画作时,想象力丰富,色彩运用大胆,能将语文学习中对海洋的描述通过绘画生动展现。然而,在知识综合运用方面存在明显不足。例如,让学生用一段连贯的话描述自己心中的海洋并结合海洋生物时,仅有30%的学生能逻辑清晰地表达,多数学生存在语句不通顺、内容简单重复的问题,难以将语文知识与海洋知识有机融合。

情感态度上,大部分学生对海洋主题的跨学科学习兴趣浓厚,课堂参与积极性高,乐于分享自己对海洋的认识和感受。

(二)评价结果反馈

1. 召开评价反馈课:专门安排一节课进行评价反馈。课堂开始,展示学生在艺术创作中的优秀绘画作品,如色彩绚丽的海底世界、形态各异的海洋生物画,对创作者给予公开表扬,颁发"海洋小画家"荣誉贴纸,激发学生的成就感。

2. 问题剖析与建议:针对知识综合运用不足的问题,选取典型的学生表述案例,通过大屏幕展示或朗读,和学生一起分析存在的问题,如语句不通顺是因为缺少连接词、主语混乱,引导学生思考如何改进。建议学生在表达前先梳理思路,如先说海洋的样子,再说有哪些海洋生物,鼓励学生积累好词好句,丰富自己的表达。

(三)教学策略调整

1. 增加相关练习活动:设计更多语文与海洋知识融合的练习,如让学生用给定的海洋生物名称编写故事,进行语句通顺度和内容丰富度的训练;开展海洋主题的词语接龙游戏,巩固海洋相关字词的学习。

2. 分层任务挑战:根据学生的学习情况设计分层任务。对于基础薄弱的学生,布置简单的海洋知识填空、词语搭配练习;对于学有余力的学生,安排他们创作海洋主题的儿歌或小短文,并在班级分享,满足不同层次学生的学习需求,促进全体学生在跨学科学习中不断进步。

六、案例反思与展望

在本次一年级语文与海洋教学跨学科教学中,评价是教学过程的重要环节,对其进行全面反思,有助于提升跨学科教学质量。

(一)评价指标反思

本次评价指标涵盖了语文知识掌握、海洋知识理解、课堂参与度、小组合作能力以及创意表达等方面。从实际教学来看,这些指标基本全面地反映了跨学科教学目标。例如,在学习海洋主题课文时,对生字词的认读和书写考核体现语文知识维度;让学生讲述海洋生物特点考察海洋知识掌握;小组完成海洋主题手抄报可评估合作与创意表达能力。然而,部分指标的界定还不够清晰,像创意表达的评价标准较模糊,导致评价过程中存在一定主观性。

(二)评价方法反思

采用了教师评价、学生自评、学生互评和家长评价相结合的多元化方法。学生互评活动效果显著,学生参与积极性高,在互评手抄报过程中,他们认真倾听他人想法,大胆表达自己意见,促进彼此学习。但评价数据收集和整理工作烦琐。例如,家长评价通过问卷形式收集,回收时间不一,且部分家长反馈不够详细;学生自评和互评的量表统计也耗费大量时间,影响教学进度。

(三)评价过程反思

评价过程整体较为顺利,但也存在一些问题。在课堂提问环节即时评价时,有时因关注答题学生而忽略其他学生反应。小组活动评价中,部分学生过于关注结果,在评价时未能充分反思过程中的问题。另外,评价反馈不够及时,尤其教师对学生作业和作品的评价,没能在学生最渴望了解的时候给出反馈,降低评价对学习的促进作用。

(四)改进方向与期望

1. 优化评价指标体系:明确各指标等级标准,特别是创意表达、合作能力等较抽象指标,减少评价主观性,使评价精准反映学生的学习成果。

2. 利用信息化手段:开发或利用现有的教学评价软件,实现评价数据的快速收集、整理和分析。例如,在线问卷工具可即时统计家长评价;学生互评和自评通过 App 完成,系统自动生成分析报告。

3. 注重评价反馈及时性:课堂评价做到即时反馈,作业和作品评价在一周内完成并反馈给学生,针对问题提供具体改进建议,发挥评价的指导作用。

通过本次反思,认识到跨学科教学评价在指标、方法和过程中存在的问题,未来将不断改进完善,充分发挥评价对教学的促进作用,提升学生跨学科学习能力。

5.5 艺术跨学科学习评价

艺术与语文、历史、地理等多个学科实现了深度的整合。在"地域文化艺术创作"这一项目里,学生可以从语文学科中汲取文学创作的灵感,从历史的长河中探寻地域文化的演变路径,并从地理环境中体验到地域的独特之处。在进行评估时,我们从艺术的角度出发,考察了绘画、音乐、舞蹈等多种艺术形式的表达技巧,例如,在绘画中如何运用线条、如何搭配色彩,以及在音乐中如何创作旋律和掌握节奏。从文化深度的视角来看,我们需要观察学生在他们的作品中是否能够真实地展现出当地的文化特色。例如,当他们创作以江南水乡为中心的画作时,是否能够呈现出江南特有的柔美、细致和水乡的风情。在与其他学科的融合创新方面,评估学生是否有能力突破传统的艺术模式,采用跨学科的思考方式进行音乐创作,如将诗歌与音乐相结合,从而创作出具有地方文化特色的音乐作品。

案例一

音乐跨学科教学案例

一、评价背景与目标

随着教育理念的不断发展,跨学科教学成为培养学生综合素养的重要途径。传统的单一学科教学已难以满足现代社会对人才全面发展的需求,跨学科融合有助于打破学科壁垒,让学生从多维度理解知识,提升综合运用知识的能力。将音乐与数学进行跨学科教学,能以更丰富有趣的形式吸引学生注意力,激发学习兴趣,符合他们的认知规律和心理特点。音乐与数学看似不同,实则紧密相连。音乐中的节奏、节拍、音高与数学中的数字、比例、规律等知识存在内在联系。例如,节奏的长短可以用数学中的分数来表示,不同音符的组合蕴含着数学的排列组合原理,这种关联性为跨学科教学提供了基础。了解学生对音乐和数学跨学科知识的理解与掌握程度,如是否能通过音乐节奏理解数学中的节拍概念、是否能运用数学的规律知识分析音乐旋律的结构。评估学生在跨学科学习过程中综合运用音乐和数学知识解决问题的能力,比如能否根据给定的数学数列创作出有节奏的音乐作品,或者依据音乐节奏特点完成数学规律的归纳。

二、跨学科教学内容

为激发小学低年级学生兴趣,培养综合素养,可从节奏、旋律、音乐创作等方面,挖掘音乐与数学的内在联系,设计跨学科教学内容:

1. 节奏中的数学:引入数学的分数概念来理解音符时长,比如全音符为四拍,对应数字"4",二分音符为两拍,对应数字"2",通过拍手跺脚等肢体动作,让学生一边念读"1－－－"(全音符)、"1－"(二分音符),一边感受不同节奏型,体会数学数字与音乐节奏的对应关系。

2. 旋律中的数学:以音阶为例,1 2 3 4 5 6 7,每个音之间的音程关系可以类比数学中的距离概念。教师可以钢琴弹奏相邻音和相隔较远的音,让学生感受音高的变化,引导学生思考音高变化和数字顺序变化的相似性,理解旋律上升下降如同数字增大减小。

3. 音乐创作中的数学:指导学生运用简单的数学规律进行节奏创作。比如,给出"X XX | XX X |"这样的节奏型,让学生根据奇数偶数的规律,用不同打击乐器来替换节奏型中的节拍,创作一段简单的节奏音乐,增强学生对数学规律的运用能力和音乐创造力。

三、评价指标介绍

评价学生对音乐与数学跨学科知识的理解程度,如能否准确说出音符时值与数学分数的对应关系,像二分音符是全音符的一半,对应数学中的二分之一。还要看学生能否运用所学知识解决实际问题,如依据给定的数学规律,创作出相应节奏的音乐片段。观察学生在跨学科学习中逻辑思维的发展,如分析音乐旋律中节奏、音高的变化规律,并能用数学语言进行描述。同时,关注学生的创新思维,鼓励学生在音乐创作中融入独特的数学概念,如用数列创作节奏或用几何图形表示音乐结构。评估学生对音乐的感知能力,包括对节奏、音高、音色的辨别和感受。在音乐表现方面,考查学生能否准确、有表现力地演唱歌曲或演奏简单乐器,将数学知识与音乐情感表达相结合,如根据节奏的疏密变化表现不同的情绪。在小组合作的跨学科学习活动中,观察学生的参与度,如是否积极参与讨论、分享自己的想法。评价学生的合作能力,包括与同伴分工协作,共同完成音乐作品的创作或表演任务,以及在交流中倾听他人意见、准确表达自己观点的能力。

四、评价实施过程

教师在日常跨学科课堂上，依据课堂观察量表，记录学生参与情况。像在节奏与数学分数对应课程中，观察学生回答问题的积极性、小组讨论参与度，以及对节奏和数学关系的理解程度。布置融合音乐与数学的作业，如让学生根据数学数列创作节奏。教师按照作业评价标准，从完成度、创新性、知识运用准确性等方面打分，给出评语。组织学生创作音乐作品，如小组合作完成一首包含数学规律节奏的歌曲。评价团队从音乐表现力、数学概念运用、团队协作等维度评价，可邀请其他低年级学生投票，增加评价的多元性。定期开展跨学科测试，设置选择题考查音符与数学数字对应知识；简答题让学生阐述音乐旋律与数学函数图像的相似性，根据测试结果评估学生知识掌握情况。

五、评价结果分析与反馈

对于表现优秀的学生，在课堂上公开表扬，展示其优秀作品，如节奏创作新颖的作业，激励他们继续探索。针对存在困难的学生，课后单独辅导，根据其薄弱点进行专项练习，如节奏与数学运算联系不熟练的学生，加强相关练习。通过家长会、家校群反馈学生学习情况，分享学生在跨学科课程中的精彩瞬间，如课堂表演视频。对于学习困难学生的家长，提供学习建议，如在家一起玩音乐节奏与数学运算结合的游戏，帮助孩子巩固知识。根据结果反思教学方法，对于学生普遍掌握不好的内容，如旋律与数学函数关联，改进教学策略，采用更直观的演示方法。同时，加强与其他教师交流，共同探讨如何优化跨学科教学，提升教学质量。

六、案例反思与展望

在节奏与数学分数结合教学中，学生对简单节奏理解较好，但复杂节奏与数学概念融合时，部分学生出现理解困难。比如在切分节奏与特殊分数运算结合的内容上，教学进度过快，学生还没完全消化数学知识，就难以将其运用到音乐节奏感知中，导致学习效果不佳。采用小组合作创作音乐作品的方式，虽然大部分学生参与热情高，但部分性格内向或基础薄弱的学生在小组中参与度低，被边缘化。教学方法未能充分考虑学生个体差异，对不同学习水平和性格特点的学生缺乏针对性指导。目前评价侧重知识技能掌握和课堂表现，对学生在跨学科学习过程中的思维转变、情感体验关注不足。例如，一些学生在学习过程中逐渐对音乐和数学产生新的认知，这种积极的情感变化在现有评价中未得到充分体现。深入挖掘音乐与数学的内在联系,开发更具趣味性和挑战性的教学内容。比如设计音乐密码课程,将数学的密码学原理与音乐音符对应,让学生通过破解密码来创作音乐,激发学生探索欲望。利用多媒体资源,制作动画演示音乐旋律与数学曲线的关系,使抽象知识更直观。针对不同学生采用分层教学,为基础薄弱学生提供更多基础练习,为学有余力的学生设置拓展任务,满足多样化学习需求。构建多元化评价体系,除知识技能考核外,增加学生自评、互评环节,注重对学生学习过程中的思维创新、合作能力和情感态度的评价。引入成长档案袋,记录学生跨学科学习的成长轨迹,全面、动态地评价学生发展。

案例二

从汉字到画卷,一年级跨学科创意课堂

一、评价背景与目标

背景

1. 教育理念转变:随着教育改革的不断深入,跨学科融合教学逐渐成为培养学生综合素养的重要途径。在小学低年级阶段,打破学科界限,将不同学科知识相互渗透,能激发学生的学习兴趣,促进其全面发展。一年级学生正处于认知发展的关键时期,对周围世界充满好奇,具有较强的想象力和创造力,跨学科教学能够更好地满足他们的学习需求。

2. 学科特点互补:语文是一门基础学科,注重培养学生的语言表达、阅读理解和文字运用能力;美术则侧重于培养学生的审美能力、创造力和动手实践能力。二者看似独立,实则紧密相连。语文教材中的许多课文都具有丰富的画面感和情感内涵,为美术创作提供了广阔的素材和灵感源泉;而美术作品又可以成为语文学习的生动素材,帮助学生更直观地理解文学作品的意境和情感。将美术与语文进行跨学科融合,能够实现学科优势互补,提高教学效果。

目标

1. 知识与技能目标

语文方面:学生能够准确理解与美术主题相关的语文课文内容,掌握生字、新词的读音、写法和含义,能用清晰、连贯的语言表达自己对美术作品或与美术相关情境的感受和想法,提升口语表达能力和书面表达能力。

美术方面：学生能够运用所学的美术知识和技能，如线条、色彩、形状，围绕语文学习内容进行美术创作，如根据课文情节绘制插画、制作故事场景手工，提高造型表现能力和手工制作能力。

2. 过程与方法目标

通过跨学科学习活动，培养学生观察、思考、想象和创新的能力。学生能够从语言文字描述中提取关键信息，将其转化为美术创作元素，同时在美术创作过程中加深对语文知识的理解和记忆。

引导学生学会合作学习，在小组合作完成跨学科任务的过程中，学会倾听他人意见，相互交流、相互启发，提高团队协作能力和沟通能力。

3. 情感态度与价值观目标

激发学生对语文和美术学科的学习兴趣，让学生感受到跨学科学习的乐趣和魅力，培养学生的综合学习意识和积极主动的学习态度。

通过对文学作品和美术作品的欣赏与创作，培养学生的审美情趣和艺术修养，提高学生的文化素养，使学生在学习中获得情感体验，丰富内心世界。

二、跨学科教学内容

寻找春天——小学一年级美术与语文跨学科教学内容设计

（一）教学目标

1. 语文目标：学生能正确、流利地朗读和背诵与春天有关的古诗、儿歌，理解词句意思，感受春天的美好；认识并会写与春天相关的生字，积累描写春天的词语和句子，提升语言表达能力，能用简单的话语描述春天的景象。

2. 美术目标：学生能观察并发现春天的色彩和景物特点，运用绘画工具描绘出心中的春天，掌握简单的色彩搭配和构图方法，如用绿色表现草地、彩色表现花朵；尝试运用手工材料制作与春天相关的作品，如纸艺花朵、黏土小动物，提高动手能力和创造力。

（二）教学重难点

重点是引导学生从语文和美术的角度感受春天，积累语文知识并进行美术创作；难点是如何让学生在跨学科学习中自然融合语文和美术知识技能，用丰富的语言和独特的艺术形式展现春天。

（三）教学准备

1. 多媒体设备，收集春天的图片、视频、音频资料，制作教学课件。

2. 绘画工具，如彩笔、油画棒、水彩颜料、绘画纸。

3. 手工材料，彩色卡纸、皱纹纸、剪刀、胶水、黏土等。

4. 生字卡片、词语卡片。

（四）教学过程

趣味导入（5分钟）

播放春天的视频，包含鸟鸣、风声、流水声等自然音效，引导学生闭上眼睛倾听和感受。播放结束后，让学生分享听到和感受到的春天元素，初步营造春天氛围，激发学生兴趣。

语文课堂：春天的文字之美（15分钟）

1. 教师范读古诗《春晓》和儿歌《春天到》，学生跟读，感受诗歌的韵律和节奏。

2. 借助图片和简单的动画演示，讲解古诗和儿歌中重点字词的含义，如"眠""啼鸟""绿""红"，帮助学生理解诗句描绘的春天景象。

3. 开展识字教学，通过生字卡片展示"春、花、鸟、风"等与春天紧密相关的生字，运用形象的字形讲解、简单的字谜游戏等方式，让学生认识和记住这些生字。如"春"字，可拆分为"三人日"，编成口诀"三人一日去春游"。

4. 引导学生说一说自己还知道哪些描写春天的词语和句子，进行简单的词语和句子积累。

美术课堂：春天的色彩之美（15分钟）

1. 展示多幅春天的高清摄影图片，引导学生观察春天的色彩，如嫩绿的草地、金黄的油菜花、粉红的桃花，让学生说一说自己眼中春天最具代表性的颜色。

2. 教师示范绘画春天的景物，如用绿色彩笔画出草地，用彩点表现花朵，边画边讲解绘画技巧，如线条的运用、色彩的搭配。

3. 学生尝试绘画自己心中春天的一种景物，教师巡视指导，提醒学生注意色彩的选择和画面的整洁。

跨学科融合活动：创作春天的故事（15分钟）

1. 引导学生结合刚才学习的语文内容和美术创作，以小组为单位，创作一个关于春天的小故事。可以是根据古诗改编，也可以是自己想象的春天里的趣事。

2.每个小组推选一名代表，用简单的语言讲述小组创作的故事，其他小组成员认真倾听，并可以提出问题和建议。

3.学生根据小组讨论和讲述的故事内容，进一步完善自己的美术作品，添加更多细节，让画面能够更好地展现故事场景。

课堂总结与展示（10分钟）（15分钟）

1.教师总结本节课内容，强调语文和美术在描绘春天时的不同表现方式和相互融合的魅力。

2.组织学生展示自己的美术作品，并向全班同学介绍自己作品中所蕴含的春天故事和语文知识，如用到了哪些描写春天的词语、诗句。

3.教师对学生的表现进行评价，肯定优点，鼓励不足之处，激发学生对跨学科学习的持续兴趣。

三、评价指标介绍

（一）知识与技能

1.语文知识：能否准确认读、书写与美术主题相关的生字词，如学习"画春天"主题时，对"春、花、草"等字的掌握情况；是否理解相关课文、儿歌、古诗的内容和意境。

2.语文表达：口头表达时，能否用较完整、流畅的语言描述美术作品或创作思路，介绍作品中的元素等；书面表达上，能否用简单的词语、句子写出与美术创作相关的内容，如给画作写简短的说明。

3.美术造型：是否能运用基本的线条、形状、色彩等美术语言进行创作，如用直线画房子、曲线画河流；是否掌握简单的构图方法，画面是否主题明确、布局合理。

4.美术手工：在手工制作中，能否正确使用剪刀、胶水等工具；能否用彩纸、黏土等材料制作出与语文内容相关的作品，如制作"荷叶圆圆"主题中的荷叶、青蛙。

（二）过程与方法

1.观察能力：能否在语文学习和美术创作中，仔细观察图片、实物等，发现春天花朵颜色的不同、叶子形状的差异等细节。

2.想象能力：能否根据语文文本内容展开丰富的想象，将文字描述转化为具体的画面形象，如读《雪地里的小画家》，想象动物们在雪地里画画的场景并画出来。

3. 合作能力：在小组合作中，是否能积极参与讨论、分工，与同学共同完成跨学科任务，如一起创作"四季的诗画"手抄报。

4. 学习方法：是否能在学习过程中，主动运用语文和美术的学习方法，如画画时参考语文课本中的插图，写作文时借鉴美术课上学到的观察方法。

（三）情感态度与价值观

1. 学习兴趣：是否对美术与语文跨学科学习表现出浓厚的兴趣，积极参与课堂活动、主动完成作业，如课后主动收集与课程主题相关的资料。

2. 审美情趣：能否在欣赏语文中的文学作品和美术作品时，表达出对美的感受和喜爱，有自己的审美判断，如喜欢色彩鲜艳的画面、优美的诗句。

3. 文化意识：是否通过跨学科学习，了解到一些与语文、美术相关的文化知识，如传统节日主题中，知道节日的习俗并能在作品中体现。

四、评价实施过程

（一）评价准备阶段

1. 组建评价小组：由语文教师、美术教师共同组成核心评价小组，同时邀请班主任协助观察学生在日常学习中的表现。还可适当吸纳家长参与，从家庭学习角度提供评价信息。

2. 明确评价周期：以一个月为一个小周期，对学生在该月内参与的跨学科学习活动进行阶段性评价；学期末进行综合评价，全面考量学生一学期的学习成果。

3. 准备评价工具：设计评价量表，涵盖知识技能、过程方法、情感态度价值观等维度，针对语文和美术学科的具体表现制定详细的评价标准。准备学生作品收集袋，用于存放学生在跨学科学习中的绘画、手工作品、书面作业等；准备课堂观察记录表，记录学生课堂上的参与度、合作表现等情况。

（二）评价实施阶段

1. 课堂表现评价：在每堂跨学科课程中，教师运用课堂观察记录表，记录学生的参与度。比如，观察学生是否积极举手回答与语文知识相关的问题，像在古诗配画课程中，能否准确理解古诗含义并阐述；在美术创作环节，观察学生对绘画工具的使用熟练程度，如是否能正确握笔、调配色彩。教师观察学生在小组讨论中的表现,是否主动分享想法,倾听他人意见,参与合作任务,如在"童话场景制作"小组活动中,评价学生的团队协作能力。

2.作业评价:对于学生完成的跨学科作业,如根据语文课文创作的绘画作品、为美术作品撰写的简短文字介绍等,教师依据评价量表进行打分和评语评价。在评价学生为"春天的景色"绘画作品写的文字描述时,从语文角度评价语句通顺度、用词准确性;从美术角度评价画面色彩、构图合理性。教师选取部分优秀作业在班级展示,让学生互相欣赏、评价,促进学生之间的学习交流。

3.阶段性测试评价:每月进行一次简单的阶段性测试,包含语文知识部分,如认读与美术主题相关的字词、背诵古诗;美术技能部分,如给定主题进行简单的绘画创作或手工制作。测试结束后,教师对学生的表现进行分析总结,针对学生的薄弱环节进行辅导和强化训练。

4.家长评价:定期通过家长微信群或线下家长会,向家长说明评价内容和标准,让家长在家中观察学生在跨学科学习方面的表现。家长反馈学生是否主动进行与课程相关的创作,如在家中根据学过的语文故事画画;是否与家长分享在跨学科课堂上学到的知识和有趣经历。家长评价结果作为教师全面了解学生学习情况的补充,为后续教学调整提供参考。

(三)评价反馈阶段

1.教师反馈:教师根据评价结果,为每个学生撰写个性化的评价报告,详细说明学生在知识技能、过程方法、情感态度价值观等方面的优点和不足。在课堂上,对学生的整体表现进行总结反馈,表扬表现优秀的学生和小组,同时针对普遍存在的问题进行集中讲解和指导。与学生进行一对一交流,针对学生个人的评价情况,提出具体的改进建议和学习目标,鼓励学生不断进步。

2.学生自评与互评:组织学生进行自我评价,让学生对照评价量表,反思自己在跨学科学习中的表现,如自己的绘画技巧是否有提高、语文表达能力是否进步,填写自我评价表。开展学生互评活动,学生以小组形式互相评价作品和学习表现,交流优点和建议,促进学生相互学习、共同成长。

五、评价结果分析与反馈

(一)评价结果分析

1.知识技能维度:部分学生在语文生字词书写、古诗背诵上表现较好,但在运用优美词句描绘美术作品时存在困难,反映出语言运用能力有待提升。美术方面,多数学生能掌握基本图形绘画,色彩搭配较鲜艳,但构图布局缺乏合理性,画面整体协调性不足。

2. 过程方法维度:在观察能力上,大部分学生能发现事物的明显特征,但对细节把握不够准确。想象能力方面,部分学生能结合语文故事进行大胆创作,但还有学生受限于常规思维,创新度不够。合作能力上,小组合作时存在个别学生参与度低,依赖他人完成任务的现象。

3. 情感态度价值观维度:大部分学生对跨学科学习兴趣浓厚,积极参与课堂讨论和创作活动。但在审美情趣培养上,部分学生对作品的审美评价较单一,缺乏多元化视角。

(二)反馈

1. 对学生:知识技能上,针对语文表达薄弱的学生,提供更多口头和书面表达练习机会,如课堂分享、小作文训练;对美术构图不佳的学生,开展专项构图指导课程。过程方法上,培养观察能力可组织户外观察活动;针对想象不足的学生,鼓励阅读更多课外故事拓展思维;针对合作问题,重新分组并明确职责,加强小组合作训练。对于审美单一的学生,增加优秀作品赏析课程,拓宽审美视野。

2. 对家长:通过家长会、微信群等渠道,告知家长评价结果。建议家长在家陪伴孩子阅读,提升语文素养;鼓励孩子自由创作,培养想象力;引导孩子参与家庭合作活动,提升合作能力。

3. 对教师:反思教学方法,在语文教学中加强与美术作品的联系,如引导学生为画作写解说词;美术教学中融入更多语文情境,如根据故事创作。后续教学增加实践活动和小组合作项目,提升学生综合能力,根据学生个体差异调整教学内容和进度,实现分层教学。

六、案例反思与展望

(一)案例反思

1. 教学内容融合:将语文课文中的故事、诗歌作为美术创作的灵感源泉,像依据《咏鹅》绘制大白鹅,学生兴趣盎然。但部分内容融合生硬,学生理解困难。后续要筛选契合一年级认知水平的内容,提前做好知识铺垫,降低理解门槛。

2. 教学方法协同:采用情境教学法,营造春天场景,让学生在情境中进行语文朗诵和美术写生,效果良好。不过小组合作时,部分学生缺乏沟通技巧,导致效率低下。今后需加强合作技巧培训,明确分工,确保每位学生参与。

3. 学生个体差异:学生在语文和美术基础、兴趣点上差异大。部分语文基础好的学生在文字表达上出色,但绘画技巧不足;而美术天赋高的学生,语文创作稍显逊色。后续要关注个体差异,设计分层任务,满足不同学生的需求。

(二)展望

1. 拓展教学资源:挖掘更多生活素材融入课程,如传统节日、身边建筑,让跨学科学习更贴近生活。利用多媒体资源,制作动画、短视频辅助教学,激发学习兴趣。

2. 深化家校合作:邀请家长参与课堂,分享职业中语文与美术融合的经历,拓宽学生视野。布置亲子跨学科作业,如家庭故事绘画创作,增进亲子关系,提升学习效果。

3. 完善评价体系:除知识技能,纳入学习态度、合作能力等评价指标,全面考量学生。增加学生自评、互评环节,培养反思和批判性思维。

5.6 体育与健康跨学科学习评价

体育与健康、生物学、心理学、数学等多个学科有着密切的联系。在"个性化体育锻炼计划制订"这一项目里,学生利用生物学的知识来探究人体的运动功能,如不同类型的运动如何影响身体的各个器官;利用心理学的原理来调节运动的心态,并始终维持一个积极的锻炼观念;利用数学原理来确定合适的运动强度和频次,如基于个人的年纪和体重来确定合适的心率范围。在评估过程中,我们从体育技巧的角度出发,考查学生对不同体育项目的掌握水平,以及他们的运动动作是否规范和和谐。从健康知识的角度出发,我们评估了学生对于运动与健康之间联系的认识,并探讨了他们是否能基于自己的身体健康状况来制订科学的锻炼方案。关于心理的调整和适应,研究学生在体育活动中的情感管理技巧,以及他们在遭遇困境和失败时的反应方式。在与其他学科的结合实践中,需要评估学生是否能够利用跨学科的知识来解决实际问题,如在运动损伤的情况下,是否能够运用生物学和医学的知识进行简单的处理。

案例一

体悦音动

一、评价背景与目标

小学一、二年级的学生正处在身心发展的关键时期,他们天性活泼好动,对世界充满了强烈的好奇心。然而,这一阶段的孩子注意力集中时间较短,单一学科的教学模式容易让他们感到乏味,难以长时间保持学习热情。随着教育改革的不断深入,培养学生的综合素养成为教育的核心任务。跨学科教学打破了传统学科之间的壁垒,将不同学科的知识、技能和思维方式有机融合,为学生提供了更丰富多元的学习体验,有助于激发学生的学习兴趣,培养他们的创新思维和实践能力。

本次跨学科教学评价旨在全面了解学生在体育与音乐融合课程中的学习情况,通过多元化的评价方式,挖掘学生在不同学科领域的潜力。具体目标如下:一是促进学生对体育与音乐学科知识的理解与运用,让学生认识到不同学科之间的内在联系;二是激发学生的学习兴趣,通过有趣的教学活动和评价方式,让学生积极主动地参与到学习中来;三是培养学生的创新思维和团队协作能力,在跨学科学习中,鼓励学生发挥想象力,共同完成学习任务;四是为教师提供教学反馈,帮助教师了解教学效果,调整教学策略,提高教学质量。

二、跨学科教学内容

本次跨学科教学将体育与音乐两门学科紧密结合,以"欢乐的校园运动会"为主题开展教学活动。

在音乐教学环节,教师首先引导学生欣赏不同风格的运动会主题音乐,如激昂的《运动员进行曲》、欢快的《健康歌》,让学生感受音乐的节奏和情感。随后,教学生学唱一些简单的运动主题歌曲,如《拍手歌》,在学唱过程中,教导学生如何把握节奏、音准,通过拍手、跺脚等方式增强学生对节奏的感知。同时,引导学生根据歌曲的节奏和旋律,为歌曲创编简单的动作,培养学生的音乐表现力和创造力。

在体育教学方面,教师以校园运动会项目为基础,设计了一系列有趣的体育活动。如短跑比赛,教师不仅教授学生正确的起跑姿势、跑步动作,还通过播放有节奏的音乐,让学生跟着音乐的节奏跑步,感受速度与节奏的关系;在跳绳环节,教师让学生尝试根据不同的音乐节奏进行跳绳,如慢节奏音乐下进行单脚跳绳,快节奏音乐下进行双脚交替跳绳,提高学生的身体协调性和节奏感。此外,还组织了团队接力比赛,让学生在团队协作中体验运动的乐趣,培养团队合作精神。

教学过程中,先由音乐教师进行音乐知识的讲解和歌曲教唱,让学生对音乐有初步的认识和感知。接着,体育教师将音乐元素融入体育教学活动,引导学生在运动中感受音乐的节奏和韵律。在课程的最后,组织学生进行综合展示,将音乐演唱和体育动作相结合,如一边唱运动主题歌曲,一边进行相应的体育动作展示。

三、评价指标介绍

教师评价:教师通过课堂观察,记录学生在体育课堂上的运动技能掌握情况,包括动作的规范性、协调性、速度和力量等;在音乐课堂上,观察学生的歌唱表现,如音准、节奏把握、音色,以及对音乐作品的理解和表现力。同时,关注学生在课堂上的参与度,是否积极回答问题、主动参与讨论和活动,以及与同学之间的合作情况。

学生自评:在每节课或每个学习任务结束后,引导学生对自己的表现进行评价。例如,让学生思考自己是否积极参与了课堂活动,是否学会了新的体育技能或音乐知识,自己在团队合作中发挥了怎样的作用,对自己的表现是否满意。通过学生自评,培养学生的自我反思能力。

学生互评:组织学生相互评价同伴的表现。在体育活动中,学生可以评价同伴的运动动作是否标准、是否具有团队合作精神;在音乐学习中,评价同伴的演唱是否动听、节奏是否准确、创意是否新颖等。通过互评,促进学生之间的交流和学习,让学生从他人的角度发现自己的优点和不足。

表现性评价:布置特定的任务,如让学生以小组为单位,策划一场小型的校园运动会开幕式表演,要求表演中包含体育动作和音乐元素。观察学生在任务完成过程中的表现,包括团队协作能力、创新思维、对体育与音乐知识的综合运用能力等。

四、评价实施过程

教学前:通过简单的问卷或与学生进行面对面谈话,了解学生对体育和音乐的已有知识和经验。例如,询问学生是否参加过运动会、是否会唱一些运动相关的歌曲、是否了解基本的音乐节奏。这些信息将帮助教师了解学生的学习起点,为教学内容的设计和教学方法的选择提供依据。

教学中:每节课预留5～10分钟用于学生自评和互评。在自评环节,教师引导学生回顾自己在课堂上的表现,让学生用简单的语言描述自己的优点和不足。在互评环节,组织学生分组讨论,互相评价同伴的表现,鼓励学生说出具体的优点和改进建议。教师在一旁认真倾听,及时记录学生的表现情况,包括学生的精彩表现、存在的问题以及学生提出的有价值的观点和建议。

教学单元结束后:组织一场小型的成果展示活动,让学生展示自己在跨学科学习中的成果。例如,学生可以表演自己编排的运动会主题节目,包括音乐演唱、体育动作展示等。根据之前制定的评价指标,从多个维度对学生的表现进行打分评价。评价数据的收集主要通过教师记录课堂表现、学生自评和互评的结果,以及表现性评价任务的完成情况等。将这些数据整理成详细的文字记录,以便后续进行分析。

五、评价结果分析与反馈

分析:通过对评价结果的深入分析,发现学生在音乐感知和体育动作模仿方面表现出较强的能力。大部分学生能够准确把握音乐的节奏,演唱歌曲时音准较好,在体育活动中能够迅速模仿教师示范的动作,身体协调性和灵活性有了一定的提高。然而,在知识的综合运用和团队协作方面存在不足。部分学生在将体育动作与音乐节奏相结合时,出现脱节的情况,不能很好地将两门学科的知识融会贯通;在团队合作中,个别学生缺乏团队意识,过于关注个人表现,导致团队协作不够顺畅。

反馈:召开专门的评价反馈课,在课堂上展示优秀学生和小组的成果,对他们的表现给予充分的表扬和肯定,让其他学生学习借鉴。同时,针对学生存在的问题,提出具体的改进建议。如对于知识综合运用不足的问题,建议学生在课后多进行体育与音乐相结合的练习,尝试根据不同的音乐节奏设计体育动作;对于团队协作问题,组织团队建设活动,加强学生之间的沟通和合作,培养团队意识。

教学策略调整:根据评价结果,调整后续的教学策略。增加体育与音乐知识融合的练习活动,如设计更多的音乐节奏与体育动作配合的游戏;提供更具挑战性的团队任务,如让学生自行策划一场完整的校园运动会,从项目设置、音乐选择到组织实施都由学生自主完成,以提升学生的综合能力和团队协作能力。

六、案例反思与展望

反思：在评价指标方面，虽然涵盖了多个方面，但某些指标的界定还不够清晰，导致在评价过程中教师和学生的理解存在一定差异，影响了评价的准确性。评价方法整体上较为有效，学生对自评和互评活动表现出较高的积极性，促进了学生的自我反思和相互学习。然而，评价数据的收集和整理工作较为烦琐，耗时较长，一定程度上影响了教学进度。在评价过程中，由于学生人数较多，教师难以对每个学生的表现进行全面细致的观察和评价。

展望：未来跨学科教学评价中，进一步优化评价指标体系，明确每个指标的内涵和评价标准，使其更具科学性和可操作性。探索利用信息化手段，如在线评价平台、教学管理软件，提高评价数据的收集和分析效率，减轻教师的工作负担。加强对学生评价能力的培训，让学生学会更加客观、准确地评价自己和他人，充分发挥评价的教育功能。同时，不断丰富跨学科教学内容和评价方式，为学生提供更加优质的教育教学服务，促进学生全面发展。

第 六 章

技术赋能评价工具

6.1 大数据支持的学业画像构建

在这个数字化的时代背景下,大数据技术作为一种强大的创新动力,正在逐渐渗透到教育领域中,特别是在跨学科学习评估体系的重构过程中,它展现出了其不可或缺的核心价值。大数据因其出色的数据采集、处理效率以及深入挖掘和精确分析的能力,为教育从业者提供了一个全新的视角,使他们能够更加深入和全面地了解学生的学习进程和成果,进而构建出非常精确且符合学生个体特点的学业画像。

为了深入掌握学生在课堂上的参与度和学习方式,学习行为数据成为关键的研究入口。学生在课堂上提问的频率直接反映了他们的求知欲望。以"人工智能在医疗领域的应用"为例,在这门跨学科的课程中,那些经常提出问题的学生很可能对人工智能算法在疾病诊断和医疗影像识别等前沿复杂领域的应用产生浓厚的兴趣,从而激发了他们强烈的探索欲望。发言的时长可以很好地展现学生思考的深度和广度。较长的发言时间意味着学生可以对相关的知识结构进行全方位和深入的整理。当他们深入研究人工智能可能带来的伦理风险时,可以从数据的隐私保护、算法的偏见以及医疗责任的定义等多个方面进行详尽的分析,这不仅揭示了对知识的深入洞察,同时也展现了独立的思维和批判的技巧。讨论的活跃程度不仅包括参与的频次,还涉及在讨论过程中所起到的作用和对讨论主题的掌控能力。在小组讨论环节中,那些能够主动发起讨论主题、巧妙地安排讨论节奏,并能有效地协调团队成员观点的学生,在推动团队学习方面起了非常显著的作用,这充分展示了他们出色的组织和沟通能力。

学生的知识掌握和应用能力主要通过学习成果数据来衡量。学生的作业成绩清晰地展示了他们对基本知识的掌握和应用程度。以数学这一学科为背景，一份高品质的作业不仅能确保答案的准确性，更为关键的是，在解决问题的过程中，学生能够灵活地运用多样的解题策略，从而展示出对知识进行深度迁移的能力。比如，在解答一个几何证明问题时，如果学生能够应用多种不同的定理和方法来证明，这就表明他们在几何知识方面已经达到了相当高的掌握程度。在涉及多个学科的项目里，项目的完成质量实际上是学生全面能力的集中展现。在"智能城市规划"这一项目中，学生需要融合城市规划、土木工程、信息技术以及社会学等多个学科的专业知识。从论证城市功能分区的合理性，到交通网络的优化设计，再到利用大数据分析居民需求，以及运用虚拟现实技术展示方案，每一个环节都对学生的知识融合能力、团队协作能力、问题解决能力和创新思维能力提出了极高的要求。尽管考试成绩有其固有的局限性，不能全面反映学生的实际操作能力和创新思维，但在阶段性知识评估方面，它仍然具有不可忽视的参考意义，能在一定程度上展示学生在不同学科领域内知识储备和应用能力的阶段性表现。

学生的学习态度数据与他们的学习动力和兴趣方向有着密切的联系。通过观察学生对各种学习内容的关注程度和他们主动参与学习活动的热情，我们可以准确地评估学习兴趣的变动。在跨学科的学习环境中，如果学生能够对"生物多样性与生态保护"这一领域持续保持高度的兴趣，积极地翻阅大量的相关文献，并积极地参与课外的研究活动，那么这无疑显示了他们对这一领域有着浓厚的兴趣。学生的学习积极性和持久性直接受到学习动机强度的影响。具有强烈内在驱动力的学生，如那些对科学探索有着浓厚兴趣的学生，常常会主动地投入大量的时间和精力来进行独立的学习和研究活动。他们热衷于探索知识的旅程，致力于对知识进行深入的理解和掌握。对于那些具有强烈外部动机的学生，他们可能更多地依赖如成绩排名和奖学金这样的外部奖励机制，在他们的学习旅程中，他们更倾向于得到外部的肯定和奖赏。

在强调团队协作的跨学科学习中，社交互动数据占据了至关重要的位置。学生在团队协作中的交流频次，清晰地展示了他们与团队成员之间的紧密互动。在"文化遗产保护"这一项目里，经常交流的学生可以迅速地分享他们的最新研究进展，有效地调整调研任务，从而显著增强团队之间的合作效益。团队的合作成果可以通过团队任务的完成状况、成员之间的相互评价等多个维度来评估。一个合作无间的团队,其中的成员可以互相补充各自的优点。当面临"如何在文化遗产保护与旅游发展之间找到平衡"这一复杂议题时,他们可以从历史、文化、经济增长和环境保护等多方面进行深入探讨,从而制订出实际可操作的解决方案。

通过时间管理的数据,我们可以明确地了解学生的学习计划和自我约束的能力。合理地分配学习时间反映了学生对于各个学科和学习任务的高度重视。例如,在为"科技创新与社会发展"这一跨学科考试做准备时,学生应当合理地分配时间来复习自然科学、社会科学等多个学科的知识,这样可以帮助他们更好地巩固和综合应用所学知识。任务完成的时效性是学生自我管理能力和时间观念的一个反映。那些能够准时完成课程作业和项目阶段性任务的学生,通常具有很强的自我管理能力,能够合理地安排学习进度,确保学习任务能够有条不紊地进行。

通过对这批多维度数据进行深入的分析,我们有能力构建出高度精确的学业画像。以"智能城市规划"这一跨学科项目为研究对象,大数据分析能够明确地展示出每一名学生在学习过程中的具体情况。在构建城市交通流量预测模型的过程中,学生 A 展现出了卓越的数学建模能力,他能够准确地应用数学算法,巧妙地调整模型参数,充分体现了他深厚的数学知识和出色的逻辑推理技巧。尽管如此,这名学生在团队沟通和合作方面表现出明显的不足,这可能体现在他在小组讨论环节的发言频率偏低,观点表达缺乏明确的组织结构,以及在团队任务分配中未能充分利用其个人优势。面对这种状况,教育工作者有可能组织专门针对沟通能力的培训课程,通过多种实践活动,如角色扮演和小组讨论,可以有效地帮助学生 A 增强其沟通、表达和团队合作的能力。

学生 B 对项目里的信息技术部分表现出强烈的兴趣,并在使用地理信息系统(GIS)来绘制城市空间布局图的过程中投入了大量的时间和精力,展示出了高度的学习热忱和探索欲望。然而,在展示成果的过程中,由于语言表达不够明确,这限制了其在信息技术应用方面表现出色的能力。教师有能力为学生 B 提供全面的演讲表达培训,包括演讲技巧、语言组织和肢体语言应用等多方面的指导,以帮助他们提高表达能力,并更好地展示他们的学习成果。

6.2　AI 在过程性评价中的应用

随着 AI 技术的飞速进步,教育评估领域迎来了空前的发展机会。在过程性评价中,语音识别与行为分析技术起了至关重要的角色,它们为教育者提供了更加客观和全方位的学生学习资料,从而有效地推进了教育评价向更加精确和科学的方向发展。

在教室内的讨论环节,语音识别技术有能力自动且实时地识别学生的发言主题,从而为评估学生的语言表达技巧和思考活跃度提供了准确的数据依据。以"历史文化辩论"这一课堂为背景,AI系统能够精确地记录每位学生的演讲时长。一个较长的发言时间往往代表学生对于讨论的主题进行了深入的反思,并为此做了充分的前期准备。在探讨"古代文明兴衰原因"的辩论中,可以从政治、经济、文化、军事等多个方面全面阐述观点,展示出丰富的知识储备和严谨的思维逻辑。对于较短的发言时间,需要进行深入的原因分析,这可能是因为学生对相关话题不够熟悉,缺乏足够的知识储备,很难构建一个系统化的看法;也有可能是因为表达能力受到限制,不能清楚地表达自己的观点。学生的语言丰富度和思维创新性可以通过重复用词的次数来衡量,这是一个非常重要的指标。频繁地使用重复的词汇,例如,在表达观点时反复使用"就是""然后"等词,可能表明学生在语言表达上的不足,思维的局限性,缺乏创新的表达方式。观点的连贯性反映了学生的逻辑思考能力。这种连贯性意味着学生可以有条不紊地组织自己的思考,并使用如"首先""其次""最后"这样的逻辑连接词,将各种观点紧密地连接在一起,从而清楚地传达他们的观点。

行为分析技术通过使用摄像头来捕获学生的身体语言和面部表情等非语言信息,为评估学生的学习态度和团队合作能力提供了一个全新的视角。在团队合作的学习过程中,这项技术能够准确地评估学生的参与水平。那些热衷于参与讨论的学生,他们的目光总是集中在讨论的主题上,经常点头以示对他人看法的赞同和理解,并积极地分享自己的观点和看法。他们在身体语言方面通常表现得相当活跃,如身体的前倾和丰富的手势,均体现了他们强烈的参与意愿。那些不太积极参与的学生可能会表现出眼神不集中、看向其他地方、身体姿态放松,甚至可能会有交头接耳的动作。学生是否愿意主动接受任务,也是评估其参与度的关键因素,那些主动接受任务的学生通常展现出浓厚的责任心和团队合作精神。在"校园文化建设"这一项目里,我们主动承担了资料搜集、活动策划等核心职责,并努力推进项目的发展。

在行为分析技术中,情绪状态被视为关注的核心议题之一。学生在学习旅程中的情感状况对其学习成果产生了明显的作用。那些展现出高度集中和兴奋的学生,他们的面部表情显得非常集中,目光炯炯有神,身体微微前倾,通常对所学内容有着强烈的兴趣,并展现出高度的学习热情。在他们的学习旅程中,他们更倾向于积极地进行探索和思考,从而更有效地吸纳知识。那些展现出沮丧和焦虑情绪的学生,他们的眉头可能紧锁,眼神可能显得黯淡,身体可能会向后倾斜,这通常意味着他们在学业上遭遇了挑战。例如,在解决复杂数学问题或理解抽象理论时遇到困难,需要教师的及时关注和帮助,提供有针对性的指导,帮助他们克服困难,恢复学习的信心。

为了更生动地呈现 AI 技术在评估过程中的实际效果,我们可以将 AI 语音分析的课堂对话原始数据样本和可视化报告插入其中。例如,我们可以通过图表的方式来展示学生在"古代文明对比"讨论中的发言频次以及语言的质量如何变化。利用柱状图,我们可以清楚地看到每位学生的发言频率,并直观地展示他们在讨论过程中的参与度。通过折线图,我们可以清晰地观察到随着讨论的加深,学生在语言表达上的流畅性、逻辑性以及准确性都呈现出怎样的变化模式。这批数据不只是帮助教师迅速掌握学生的学习进展,同时也为教师在调整其教学方法时提供了坚实的参考。如果观察到大多数学生在讨论某一知识点时,他们的语言表达并不流畅,逻辑也显得混乱,教师有能力适时地调整他们的教学节奏,加大对相关知识的讲解和指导力度,通过案例分析和小组讨论等多种方式,协助学生提高他们的思维和语言表达能力。

6.3 虚拟现实(VR)与跨学科情景模拟评价

VR 技术凭借其独有的沉浸感、交互性和构想性,为跨学科的学习评价提供了一个全新的环境,使学生能够在高度仿真的虚拟环境中进行学习和实践,从而有效地提高他们的综合能力。

在"虚拟考古探险"这一跨学科的项目里,学生仿佛置身于考古现场,全方位地运用历史、地理、化学等多个学科的知识来进行文物的挖掘、鉴定和保护工作。在这一模拟环境里,学生首先需要根据地理学的基础知识来确定可能存在文物的具体位置。通过对地形地貌,如河流的走向和山脉的分布进行分析,并结合历史文献中记载的古代人类的居住规律,我们可以推断出古代人类活动的区域,从而确定文物挖掘的具体地点。例如,在模拟黄河流域的考古活动中,学生依据黄河冲积平原对古代农业发展的适应性,以及历史文献对该地区古代文明的描述,确定了可能存在文物的特定区域。黄河流域拥有肥沃的土地和便捷的灌溉设施,这里被视为古代人类的理想居住地,这也意味着在这些地方更有机会挖掘到古代的文物。

利用历史知识来确定文物的时代和文化背景是至关重要的一步。学生有必要对各个历史阶段的文物特性、制造工艺以及文化含义有深入的认识。当学生面对一件新出土的陶瓷器物时,他们会通过观察器物的造型、纹饰和釉色等特点,并结合他们所学的历史知识,来判断这件器物的年代和文化类型。唐代的瓷器以其丰满而大气的造型,常常展示了当时社会的繁荣和开放包容的文化氛围;宋代的瓷器因其简约而高雅的风格而闻名,这反映了宋代文人的审美品位和文化追求。通过观察这些文物的特性差异,学生能够初步推断出文物的历史年代。除此之外,我们还可以通过深入研究文物上的文字和图案等细微之处,来更好地理解其背后所蕴含的文化意义。

运用化学原理对文物进行初级的保护和处理也是至关重要的。学生有责任深入了解文物材料的化学构成,并选择适当的保护试剂与方法,以确保文物在挖掘和保存阶段不受损害。在处理金属文物时,学生可以利用化学原理来分析其腐蚀过程,并使用抗氧化剂和缓蚀剂等方法进行保护。比如说,铁制的文物在湿润环境下容易发生氧化反应,从而导致生锈,但是涂抹抗氧化剂可以有效地减缓氧化的速度。在处理纸制文物时,需要严格控制环境的湿度和酸碱度,以避免纸张的老化和脆化现象。湿度过高可能导致纸张发霉,而湿度过低则可能使纸张变得脆弱,因此,必须确保环境的湿度和酸碱度维持在一个合适的区间内。

为了协助教师和学生更有效地利用 VR 技术进行评估,我们新增了一份名为"VR 情景模拟评价操作指南"的手册。该指南明确指出,VR 头盔的具体型号将直接决定学生的沉浸式体验以及操作的便捷性。以 HTC Vive Pro 2 为例,它拥有出色的分辨率和高度精确的追踪能力,能为学生创造一个更为清晰和真实的虚拟学习环境,从而降低他们的眩晕感。该设备配备了高分辨率的显示屏,能够展示更为精细的图像,从而使学生有更多的机会清楚地观察到文物的各种细节;高精度的追踪技术可以实时捕获学生的动作,从而使学生在虚拟环境中的操作变得更加流畅和自然。计算机的硬件配置也是非常关键的,强劲的图像处理和内存支持确保了VR 场景能够流畅地执行,从而避免了卡顿现象对学习体验的不良影响。高性能的显卡能够迅速处理复杂的图形渲染,确保虚拟场景的画面质量;当内存充裕时,它可以储存众多的场景信息，从而确保场景的加载与转换过程更为流畅。

场景设计的关键因素构成了 VR 情景模拟评估的中心内容。为了确保场景的真实性，VR 场景需要尽可能地复原考古现场的真实情况，这包括了地形、地貌、文物的分布以及周围的环境气氛等因素。在模仿沙漠考古的环境中，真实的沙丘地貌、干燥的气候条件以及风沙的效果等因素，都能为学生提供一种仿佛身处其中的体验。多样化和具有挑战性的任务有助于激发学生对学习的热情和主动性。我们为学生提供了各种难度级别的文物挖掘任务。例如，简单的任务要求学生在开放的区域中挖掘常见的文物，中等难度的任务要求学生在复杂的地形中寻找特殊的文物，而高难度的任务则要求学生解决文物挖掘过程中的突发问题，如文物的损坏修复、应对恶劣的环境。针对不同难度层次的任务，我们可以满足各种学生的学习要求，确保每位学生在面对挑战时都能实现个人成长与进步。

评估学生在 VR 环境中的表现时，评分标准起了关键的参考作用。考虑到知识应用的精确性，对文物年代的准确判断可以获得 3 分，这意味着学生需要对历史的知识有深入的掌握和准确的理解；如果基础判断正确，学生将获得 2 分，这表明他们对所学知识有一定程度的掌握，尽管仍然存在一些微小的误差；错误的判断会导致 1 分的分数，因此有必要进一步强化学习。解决问题的能力也是评价的一个关键因素，能够迅速而有效地解决挖掘过程中遇到的问题，如文物损坏、挖掘工具故障，从而获得高分；然而，其解决问题的能力相对较弱，需要花费较长的时间或在他人的协助下才能找到解决方案，因此得分相对较低。团队之间的合作成果也是不能被轻视的，在团队协作的过程中，那些能够主动交流、合理分配职责并共同完成任务的团队通常会获得较高的评分；对于那些团队合作不流畅、存在沟通困难和分工不明确等问题的团队，他们的得分往往偏低。

6.4 数据隐私与伦理考量

在技术赋能评价工具不断创新的过程中，数据隐私的保护和伦理的考量已经变成了一个不可忽视的重要议题。随着教育评估中大数据、AI 等技术的普及，众多的学生信息开始被搜集、保存和深入分析，这些信息涵盖了学生的个人资料、学习状况以及他们的行为模式等敏感方面。如果这些数据没有得到适当的保护，可能导致学生的隐私被泄露，从而引发身份盗窃、学业歧视等严重的问题，给学生带来极大的困扰和风险。

随附的是《教育数据隐私保护承诺书》的模板和使用指南,其中明确了数据的收集、储存和使用等各个环节的标准。在进行数据采集的过程中,必须得到学生及其家长的明确许可,并告知数据的使用目的。这不只是尊重学生和家长的知情权,更是确保数据被合法使用的基础。在明确数据的应用场景时,应具体阐述这些数据将被用于哪几个教育评估领域,如学生的学业表现分析、学习行为模式的研究,并指导如何利用这些数据来优化教学策略和推动学生的个性化成长。例如,在分析学生的学业表现时,我们会采用数据分析方法来识别学生在学习旅程中的长处和短板,这为教育者提供了制定个性化教学策略的重要参考;在研究学习行为模式的过程中,通过对学生在课堂上的参与度、完成作业的情况等方面的数据进行分析,我们可以更好地了解学生的学习习惯和风格,从而更有效地指导他们的学习过程。

在数据存储过程中,我们使用了加密手段以确保其安全性。加密技术有能力将初始数据转换为加密文本,仅当授权人员持有正确的密钥时,才能对这些数据进行解密和访问。利用尖端的加密技术,如 AES(高级加密标准),并结合安全的存储工具,如配备了多重保护机制的服务器,可以有效地避免数据被非法窃取、篡改或遗失。AES 算法拥有出色的加密能力,可以为数据提供严格的加密防护,确保数据在储存和传输时的绝对安全。配备了多种防护措施的服务器能够有效抵御外界的攻击,确保数据不被外泄。

在使用过程中,我们严格遵循最小必要的原则,仅将其用于教育评估的相关目的,以防止数据的泄露和滥用。这表明,在数据使用过程中,必须严格限制数据的访问权限,并通过身份验证、权限管理等技术手段,仅允许授权人员在必要时访问和使用数据。此外,我们需要构建一个完善的数据使用审查体系,对数据的使用时长、使用者、目的等关键信息进行详尽的记录,以确保在出现问题时能够进行有效的追踪和追责。例如,仅有获得正式授权的教师和教育管理人员有权访问学生的学习资料,并且这些资料仅可用于教育评估和教学优化的过程中。通过使用审计机制,数据访问的每一次详细信息都可以被记录下来,如果出现数据被泄露或滥用的情况,可以迅速找出原因,并追究相关人员的责任。

确保学生权益的合法保护和遵守伦理标准,构成了技术赋能评估工具应用的基础要求。在进行评估时,我们必须确保评估的结果既公正又客观,防止由于数据的误差或不恰当的评估方式导致对学生产生不公正的评价。例如,在利用 AI 技术预测学生成绩时，我们需要深入考虑数据的代表性和算法的逻辑性，以避免因数据误差给部分学生带来不公平的评估。同时，我们必须尊重学生之间的个体差异，避免因为过分依赖数据而忽视学生的个性发展和特殊需求。对于那些学习上遇到困难或具有特殊才能的学生，我们应该结合手工评估，为他们提供个性化的评价和指导。例如，面对学习有困难的学生，教师可以选择与他们进行面对面的沟通，深入探究其学习上的难题，并为其提供针对性的指导；对于那些具有特殊才能的学生，我们可以为他们提供更有挑战性的学习任务和成长机会，以最大限度地挖掘他们的潜能。

第 七 章

学科融合视角下的评价标准细化

在教育行业不断创新和发展的大背景下,跨学科的学习方式已经变成了培养学生核心素质和增强他们解决复杂实际问题能力的关键途径。跨学科的交融就像是构建了一座连接各个学科的知识立交桥,这使得学生可以在知识的广阔海洋中自由探索,突破学科间的固有障碍,实现知识的整合和灵活应用。数学与科学、人文社会科学、艺术与科技的结合,不仅极大地拓展了学生的学习视野,而且为他们未来在多元社会中的发展奠定了坚实的基础。

7.1 数学与科学整合的评价指标

"数说运动场地设计"这一项目展示了数学与科学之间的深度结合,充分体现了跨学科学习在处理实际问题时的核心价值。在这个项目的实施过程中,学生会遭遇各种各样的挑战,这就需要他们运用数学的高度精确性和科学的理论知识来完成运动场地的设计工作。

7.1.1 数学层面的精准计算与规划

数学,作为基础学科的一部分,在设计运动场地时扮演着不可或缺的角色。虽然计算运动场地的面积和周长看起来很简单,但实际上需要学生拥有扎实的数学基础和灵活的解题方法。

在面对不规则形状的运动场地时,学生需要充分发挥他们的空间想象力,将复杂的图形巧妙地分割成多个熟悉的规则图形,如三角形、矩形、梯形,然后分别使用相应的面积公式进行计算,最终求和出总面积。以"L"形运动场地为例,我们可以将其划分为两个独立的矩形。通过测量或已知的条件,我们可以确定这两个矩形的长度和宽度,并使用矩形面积公式来表示。首先计算两个矩形的面积,接着将这些面积加起来,从而得到整个场地的总面积。

在确定场地的大小时,学生需要深入思考各种运动项目的特殊要求。拿标准篮球场来说,它长 28 米、宽 15 米,并不是随便设定的,而是体现了数学和运动学之间的紧密联系。这种长宽的比例设计,不仅为运动员创造了足够的移动空间,让他们在球场上可以自由地奔跑、跳跃和传球,充分展现自己的技能,同时也确保了比赛中所有位置的球员都能在一个相对公正的环境中竞技,保持比赛的流畅性和观赏性。足球场中的罚球区和禁区的面积估算相当复杂,这涉及各个区域的功能界定和规则约束。罚球的区域是矩形的,以球门线的中心点作为焦点,向场地内部延展了 16.5 米的距离;禁区位于罚球区之外,以点球点为中心,其半径达 9.15 米,形成一个扇形的区域。学生需要对圆的面积公式和矩形面积公式有深入的了解。根据足球比赛的规定,他们需要仔细计算这些区域的面积,以确保比赛场地满足比赛的标准要求。这不只是对学生在数学公式上的娴熟应用的一次挑战,更是对他们深入理解这些尺寸和规则背后的数学逻辑以及运动学原理的一次考验。

在具体的项目实施过程中,学生可能会面临如何基于场地的地理特点,对看台的位置和数量进行合理规划的挑战。为了确保观众能够获得优质的观赛体验,学生需要运用三角函数等相关知识来计算看台的坡度和视角。在计算运动场地的排水系统时,学生需要利用代数方程来确定管道的直径和坡度,以确保雨水能够及时排出,避免场地积水影响运动。

7.1.2 科学视角的场地物理特性考量

从科学的视角出发,场地的物理属性对于运动员的整体表现和他们的安全性有着关键性的影响。在地面材料中,摩擦力被视为一个核心要素。在跑道设计过程中,选用具有适当摩擦力的地面材料显得尤为关键。如果摩擦力太小,运动员在起跑时可能无法获得足够的反作用力,这会使加速变得困难,并且在高速奔跑时容易滑倒;如果摩擦力太大,运动员在运动时可能会消耗更多的体力,并且可能因为受力不均而导致关节受伤。例如,由于塑胶跑道的材料属性,它具有适宜的摩擦能力,这使得它能够很好地满足运动员的各种需求。塑料材料拥有良好的弹性特性,不仅能提供充分的摩擦力,还有助于减少运动员关节所承受的压力,从而降低受伤的可能性。

采用力学的理念来设计合适的跑道弯道半径,这也是一个科学的关键点。按照向心力公式,当运动员的速度固定时,弯道半径越大,所需的向心力就越小。这种设计可以有效地降低运动员在转弯时产生的离心力,从而降低他们摔倒的风险。学生需要对这个公式背后的物理含义有深入的认识,并根据实际状况,为跑道的弯道设计出科学且合适的半径。比如,在规划学校运动场跑道的弯道设计过程中,为了确保学生在跑步时的安全性和舒适度,学生可以通过调研来了解学校学生的平均跑步速率和跑步的质量范围,并利用向心力公式来确定最佳的弯道半径。

另外,在评估场地的物理属性时,还需要密切关注场地温度、湿度等环境变量对运动员表现的潜在影响。例如,在高温条件下,运动员的体力消耗会变得更快,因此有必要设计一个良好的通风系统和遮阳设施;在湿润的环境条件下,地面摩擦力会有所改变,因此需要选用具备防滑特性的地面材料。所有这些要素都要求学生利用他们的科学知识来进行全面的评估和深入分析。

7.1.3　项目档案的构建与学习成果展示

为了全方位和精细地展示学生在各个项目中的学习路径和成就,我们精心构建了一份完备的项目资料档案。学生所绘制的设计图纸,实际上是项目成果的直接展示。以足球场的设计图纸为参考,除了清楚地标明了球门的尺寸,如长 7.32 米、高 2.44 米,罚球区从球门线向场内延伸 16.5 米,以及禁区半径为 9.15 米等详细信息外,还需要在图纸旁边附上详细的设计思路说明。阐述了选择这些尺寸的原因,并解释了如何利用数学原理进行精确的计算,以及如何根据科学原则确保场地的安全和功能性。例如,在确定跑道弯道的半径时,需要详细说明如何结合运动员的平均速度、质量等相关数据,采用向心力公式进行数值计算,以确保运动员能在弯道上安全且流畅地奔跑。

在项目档案中,计算过程的记录占据了关键的位置。学生详尽地展示了如何运用数学公式来计算场地参数的各个步骤。这不仅有助于教师更好地理解学生的解题思路,及时发现学生在知识理解和应用方面存在的问题,并提供有针对性的指导,还能有效地锻炼学生的逻辑思维能力,并培养他们严谨的科学态度。当学生需要计算跑道弯道的半径时,他们可以提供以下详细步骤:首先确定运动员的平均速度和质量,然后假设向心力不会超过运动员自身重力的 0.5 倍,基于向心力公式,并用这些数据来计算弯道的半径。通过这种详尽的计算步骤展示,学生可以更深入地掌握公式的实际应用,同时教师也可以更精确地评价学生的学习进展。

学生通过反思报告来回顾项目的发展历程,并从中汲取宝贵的经验和教训。报告里,学生对设计过程中遇到的问题和相应的解决策略进行了深入的总结。例如,在进行单位转换时,由于对各种物理量单位的转换关系不够熟练,可能会导致计算出现错误;在挑选地表材料的过程中,由于对各种材料的物理属性了解不够深入,因此很难锁定最合适的材质。通过对这些问题的深度反思,学生可以更好地理解知识,并增强解决问题的技巧。在反思报告中,学生分享了他们对数学与科学知识结合应用的深入理解,他们意识到数学为科学计算提供了精准的工具,而科学原理则赋予了数学计算实际的意义,两者相互依赖、相互推动。这样的思考和归纳,有助于学生将所掌握的知识转化为他们的实际能力,并为他们未来的学术和生活提供有价值的经验。

在这份反思报告里,学生还有机会深入探索跨学科学习的深远意义和其所带来的价值。举例来说,这个项目让学生意识到,数学与科学的结合不仅可以帮助他们解决真实的问题,还有助于培养他们的创新思维和实践技能。与此同时,学生也有机会深入思考团队合作在项目实施中的核心地位,以及如何在未来的学术和职业生涯中更有效地利用团队合作的优势。

7.2 人文社科类主题的跨学科评价要点

以"城市文化传承与发展"项目作为研究起点,对人文社科领域的跨学科学习评价要点进行深入研究,对于全方位评估学生在这一学科内的学习效果具有不可忽视的重要性。在此项目里,学生将深入探索城市的每一个角落,深入了解城市文化的发展脉络,并通过各种途径搜集相关资料和分析问题,提高他们的文化认知和对社会的责任感。

7.2.1 文化理解:多元文化元素的深度挖掘

在这类项目中,文化理解被视为核心的评估标准之一,它要求学生对城市的历史、民俗、建筑等多种文化元素进行深入的探索和理解。通过与当地居民的访谈,学生可以获得生动的一手文化资料,深刻体验到城市文化在日常生活中的传承和演变。比如,在与一名老年居民的交谈中,我们了解到了当地传统节日"河灯节"的特殊庆祝方法。在节假日的夜晚,人们会精心制作河灯,并在上面写下美好的祝福,然后将它们放入河中,让它们自由地漂流。这一传统习俗深藏着对美好生活的渴望和对祖先的深深怀念。通过与当地居民的互动交流,学生有机会听到那些未在书籍中记载的故事和传说,从而深刻体验到城市文化的丰富内涵。

通过研究历史文献,学生得以打开一扇通向城市历史进程的大门,这使他们能够从一个更宏观的角度来整理和理解城市文化的发展历程。通过对古代县志、地方志等历史文献的深入研究,学生能够更好地理解城市在各个历史阶段的政治结构、经济增长情况以及文化的兴盛景象。例如,在明清两代,由于某城市位于重要的交通节点,商业活动非常活跃,这吸引了来自各地的商人,进而塑造了其独有的商业文化和建筑特色。这批历史文档不仅详细地描述了城市的演变,同时也为学生在研究城市文化时提供了宝贵的参考资料。

对历史建筑进行实地考察是学生直接体验城市文化的关键途径。学生细致地研究了建筑的设计、构造以及装饰的细微之处,并深入探讨了其中所隐含的历史和文化意义。徽派建筑通过其特有的马头墙、木雕、砖雕和石雕等装饰艺术手法,展示了徽商文化的兴盛和江南水乡的柔美。马头墙的设计不只是为了防火和防风,它还展现了徽派建筑的审美理念;木雕、砖雕和石雕等艺术装饰展示了当时社会的日常生活、宗教信仰以及审美观点。经过实地的观察和研究,学生可以深刻体验到历史建筑所带来的吸引力,并对城市的文化有更深入的了解。

在进行实地考察时,学生有机会利用摄影、录像等先进技术,详细记录历史建筑及其周围环境,这将为后续的学术研究和深入分析提供宝贵的参考资料。此外,学生有机会通过与当地的文物保护机构的深入交流,更好地了解历史建筑的当前保护状况和所面临的问题,从而进一步加强他们对城市文化保护的责任感。

7.2.2 评价维度:文化内涵理解与文化元素融合能力

在进行评估时,深入了解学生对于城市文化含义的掌握程度是至关重要的。学生需要详细解释城市所特有的文化标志以及这些标志背后的历史背景。以北京的四合院为研究对象,四合院的设计遵循了"前堂后寝"的传统模式,庭院布局规整,四周由房屋环绕,这体现了中国传统文化中家庭观念的核心地位,并强调了家庭成员间的凝聚力和尊卑有序的思想观念。长辈住在正式的房间里,而晚辈则住在侧房,这体现了尊重长幼关系的传统道德观念。四合院的建筑设计和布局不仅代表了一种居住方式,而且也是中国传统文化的一个重要体现。

融合不同文化元素的能力也被视为一个关键的评估标准。在构建城市文化推广计划的过程中,学生需要将传统文化和现代元素进行有机融合。例如,在设计城市文化宣传海报的过程中,将传统的剪纸艺术与现代的 3D 建模、数字绘画等平面设计手法结合起来,既保留了剪纸艺术的古朴韵味,又融入了现代科技的时尚感,使传统文化在新时代中焕发出新的活力。这种文化成分的结合不仅可以引起更多人的兴趣,还可以使传统文化更好地适应现代社会的进步。

除此之外,学生还有机会尝试将都市文化与全球文化元素进行有机结合,以塑造具有全球影响力的城市文化品牌。例如,在组织国际文化交流活动的过程中,学生有机会设计将本地传统文化与国际流行文化元素相结合的节目,并通过音乐、舞蹈、戏剧等多种方式来展示城市文化的独特吸引力,从而促进不同文化间的相互交流和融合。

7.2.3　社会责任:城市文化保护与传承的实践行动

从社会责任的角度出发,对学生在项目中参与城市文化保护和传承实践活动的积极性进行评估是极其重要的。通过组织志愿者活动来推广城市的文化,这是学生展现其社会责任的关键方式。通过参与志愿者活动,学生有机会将他们对于城市文化的见解和感受传达给更广泛的人群,从而提升社会大众对城市文化的了解和保护意识。举个例子,学生组织了名为“城市文化之旅”的志愿者活动,引导游客游览城市中的历史和文化名胜,深入解读其背后的历史故事和文化意义,使更多的人认识到城市的吸引力。在这一过程当中,学生不仅有机会提升自己在沟通和组织方面的能力,还可以为城市文化的继承和进一步发展贡献个人的力量。

参与了历史建筑保护的研究,并给出了实用的建议,这展示了学生在城市文化保护方面的具体行动。经过学生的实地考察和资料的深入研究,他们发现了某一历史建筑因长时间未维护和周围环境的破坏而出现的问题。通过对问题产生原因的深入分析,如建筑材料的老化、定期维护的缺失以及周边开发活动的影响,我们提出了一系列合理的建议,包括加强日常维护、制订周边环境的整治方案和建立建筑保护档案等。这些建议不只是展现了学生对都市文化的深度关心,同时也证明了他们利用所掌握的知识来应对实际挑战的技巧。

学生也有机会积极地参与到城市文化保护政策的制定以及相关的宣传活动中。例如,我们采用了问卷调查和访谈的方法来收集公众对于城市文化保护的反馈和建议,这将为政府相关部门在制定政策时提供有价值的参考。与此同时,学生有机会通过社交媒体等多种渠道来强调城市文化保护的重要性,并提升社会大众的参与意愿和保护意识。

7.2.4 评价证据链:多维度构建全面评价体系

为了全方位和客观地评价学生在人文社科领域的跨学科学习表现,我们从学生的项目报告、活动记录和访谈反馈等多个方面构建了一个"文化理解评价证据链"。在项目报告里,应当涵盖学生对于城市文化的深度探索,例如,对城市文化的演变历程的整理、对文化标志的解读,以及宣传策略的构思和执行步骤。活动的详细记录包括学生参与志愿者活动和保护研究的时间、地点、活动内容和成果,如志愿者活动的参与者数量、活动效果的反馈等。访谈的反馈真实地展现了学生在访谈中所获得的知识和对城市文化的新的理解,如他们从当地居民那里了解到的那些鲜为人知的文化传统和故事。对这些证据进行了全面的分析,有能力全方位且精确地评估学生在文化认知和社会职责上的表现。

在建立评价证据链的过程中,我们还可以考虑引入专家评价、同行评价等多种评价实体。专业人士有能力从他们的专业视角出发,对学生的研究成就和提出的建议进行全面评价,并给出有针对性的指导和建议;同行的评价机制有助于加强学生间的互动和学习,同时也能激发他们的创新思维和竞争精神。此外,我们还可以采用大数据分析等先进技术,对学生的学习进程和成果进行深入的量化研究,从而为评估提供更为科学和客观的参考依据。

7.3 艺术与科技结合的创意表现评价

在"编演小型音乐剧"这一项目中,学生需要巧妙地将艺术和科技结合起来,展示出他们独特的创意,这对学生的综合素质提出了极高的要求。音乐剧,作为一种融合了歌唱、舞蹈和表演等多种艺术形式的艺术,需要利用先进的科技手段来提升舞台的视觉和听觉效果,为观众呈现一场视听的盛宴。

7.3.1　艺术表现：歌唱、舞蹈与表演能力的全面提升

在艺术的呈现上，对学生在歌唱、舞蹈编排以及表演技巧上都持有严格的标准。在歌唱艺术中，音准被视为基石，学生需要通过持续的发声练习和音乐感知训练来精确掌握音符的高度，以防止音调偏离。掌握节奏也是至关重要的，学生需要对音乐的节奏型有深入的了解，并通过拍手、踩脚等动作来感知节奏，确保演唱与音乐节奏之间的和谐统一，充满韵律。音色的表达力是学生表达歌曲情感的关键途径。当学生演唱情感丰富的歌曲时，他们会使用柔和和细致的音色，如轻轻地哼唱和巧妙地控制呼吸，以此来传达他们的温柔和细致的情感；当演唱充满激情的歌曲时，可以通过胸部的共鸣和声带张力的变化来表达，利用饱满而有力的音质来展示激情和力量。

评价舞蹈编排时，创意与美感被视为核心要素。在舞蹈动作的独特设计中，创意得到了体现。学生需要突破传统的思维模式，结合音乐剧的核心主题和情节，来创新地组合和编排动作。例如，在一部以环境保护为核心的音乐剧里，学生有机会创作出模拟大自然中动植物的形态和动作的舞蹈，如鸟儿的飞翔和树木的摆动，从而呈现出他们独有的艺术特色。美感主要表现在动作的和谐性、流畅性以及与音乐的高度融合上。舞蹈动作与音乐之间的和谐需要根据音乐的节拍、旋律以及情感的转变来进行精心设计。在欢快的旋律中融入了跳跃、旋转和快速移动等生动的舞蹈动作，这与音乐中的欢快节拍形成了完美的呼应；在一段充满情感的旋律里，设计了柔和、舒缓的舞蹈动作，如身体的缓慢伸展、优雅的转身，这与音乐的抒情旋律相得益彰。

在表演技巧上，学生对于角色的深入理解和解读显得尤为关键。学生需要对角色的性格、背景和情感变化进行深入的研究，并通过表情、动作和语言来生动地展示角色。在演出开始之前，学生有机会通过研读剧本、查找相关的参考资料以及与导演和其他演员的互动交流，更深入地理解角色的精神世界。例如，当学生扮演战士这一角色时，他们通过坚定的目光、有力的行动和响亮的嗓音，展示了战士的勇气和决心；当学生扮演一个充满悲伤的少女角色时，可通过低垂的目光、颤抖的身躯和哽咽的嗓音，准确地传达少女的悲伤情绪。观众的情感体验受到情感表达的直接影响，因此学生需要根据剧情进展来准确地传达这些情感，学生需要根据故事情节的进展，精确地描绘角色在各种情境中的复杂感受。例如，在剧情的转折点，角色的内心矛盾和挣扎需要通过微妙的表情变化、语气的波动以及肢体动作的暂

停或颤抖来精确展现,这样可以让观众深刻感受到,完全沉浸在音乐剧创造的情感氛围中。

7.3.2　科技应用:舞台灯光与音效的设计与控制

在科技的应用中,舞台的灯光和音效已经变成了提升音乐剧表达力的核心因素。舞台上的灯光设计就像是一种光影的魔法,无论是亮度、色调、角度还是节奏的变化,都隐藏着无尽的创意和可能性。当描绘神秘的梦境场景时,可以采用柔和多变的紫色灯光,通过渐变、闪烁等效果,营造出梦幻般的氛围,引导观众深入角色的内心世界。当呈现出紧张刺激的战斗场面时,明亮的白色聚光灯和迅速闪烁的红色辅助光可以立刻增强舞台的紧张感和冲击力,使观众仿佛置身于充满硝烟的战场之中。

音效设计的重要性不容忽视,它包括背景音乐、环境音效和角色音效等多个方面。背景音乐的选择应与音乐剧的核心主题和情感调性相一致。在需要表达情感的段落中,应选用如德彪西的《月光》这样悠扬的弦乐或钢琴旋律,以营造出一种宁静而浪漫的情感氛围;在音乐的高潮部分,加入了如贝多芬的《命运交响曲》这样的宏大交响曲,以增强音乐的感染力和震撼力。环境音效部门致力于为观众提供真实的场景体验,在森林的背景下,模仿自然的风声、鸟鸣和树叶沙沙声,使观众感觉仿佛置身其中;在城市的街道设计中,融入了繁忙的车辆和人群的喧闹声,使得整个场景显得更为生动和真实。角色的音效设计旨在凸显角色的独特性和情感波动,为勇敢的战士创造出坚定而有力的脚步声和激昂的呼喊声,同时也为柔弱的少女设计了轻盈的脚步声和柔和的呼吸声,通过这些细微之处,可以更好地塑造出一个立体的角色形象。

当学生操作灯光和音效设备的时候,他们还需要具备专业的技术知识和操作技能。例如,掌握各种灯光设备的特性和功能,如聚光灯、泛光灯和摇头灯等,可以根据舞台的实际效果需求进行灵活的选择和组合;熟练掌握音效软件的使用技巧,可以对音频进行编辑、混合和特效添加等操作,以实现最佳的音效体验。此外,学生还需拥有出色的团队合作技巧,与导演和演员紧密合作,确保舞台上的灯光、音效与观众的情感和节奏保持同步。

7.3.3　评价量表:音乐剧评价双轨量表的开发与应用

为了更精确地评估学生在"编演小型音乐剧"项目中的表现,我们精心设计了一个名为"音乐剧评价双轨量表"的工具。这个量表从艺术表现和科技应用两个方面进行了独立的评分,以确保评价过程的全面性和客观性。

在艺术表达的角度来看,对歌唱技巧的评估不仅仅局限于音准、节奏、音色和气息控制等基础因素,还需要考虑学生在演唱过程中的情感表达、风格掌握以及与乐队或伴奏的匹配度。举例来说,学生在演唱一首带有民族特色的歌曲时,是否能够准确捕捉到民族音乐的独有韵律和情感深度,并运用适当的音色和演唱技巧进行表演,将会直接决定他们在这方面的得分表现。在舞蹈的编排过程中,除了注重创意、审美、和谐性和舞蹈风格的掌握之外,还特别强调了舞蹈动作与剧情之间的紧密联系。舞蹈中的动作是否能有效地推进剧情的进展,以及是否能准确地表达角色的情感和心理变化,都是评估的关键因素。对于表演能力的评估,它包括了对角色的理解、情感的传达、在舞台上的表现以及与其他演员的合作等多个维度。舞台的表现力涵盖了舞台的走位技巧、丰富的肢体语言表达以及与观众之间的互动等方面。一个出色的演员可以通过其精湛的表演吸引观众的目光,使他们完全沉浸在剧情的魅力中。

在科技应用的多个维度中,舞台灯光设计的评估涵盖了灯光亮度、色彩组合、场景营造以及灯光变化的时机和节奏等多个方面的指标。舞台效果可能会受到灯光亮度设置是否满足场景需求、过亮或过暗的影响;我们需要考虑色彩的搭配是否和谐,以及它是否可以通过色彩的转变来传递情感和环境氛围;场景的真实性如何,是否能迅速地使观众沉浸在这一特定的情境中;判断灯光的变化时机和节奏是否与音乐及表演节奏相协调,是评估的核心因素。音效设计与控制的评估主要集中在音效的强度、节奏的匹配、声音的品质以及音效与剧情之间的匹配度上。音效的强度是否恰当,既能凸显焦点,又不会遮挡演员的嗓音;节奏的匹配是否准确,是否能与音乐及舞蹈的节拍产生和谐的共鸣;要检查声音的清晰度和纯净度,以及是否存在杂音或失真的情况;音效与剧情之间的匹配度,以及是否能通过音效来提升剧情的感染力和吸引力,都是影响学生在这个方面得分的重要因素。

在 PBL(Project-Based Learning)项目式学习的成果展评环节中,评审团根据所提供的量表为学生的音乐剧演出打分。比如说,在歌唱技巧的音准方面,如果能完全不偏离音调,并且能够准确掌握歌曲的音高变化,就可以获得满分 5 分;虽然偶尔会有轻微的音调变化,但这并不会对整体的演唱效果产生负面影响,因此可以得到 3～4 分的评分;频繁的音调变化严重地降低了演唱的品质,导致得分为

1~2分。在舞蹈编排的创意方面,它展现了独特和新颖的创意,能够为观众带来一种全新的视觉体验,可以获得4~5分;虽然具备一些创新思维,但缺乏足够的创新性,因此可以获得2~3分;如果创意过于简单,缺少创新,那么可以获得1分。通过这种详尽且量化的评价准则,为教师和学生提供了一个直观的评价依据,我们的目标是帮助学生清晰地认识到自己的长处和短板,进而针对性地进行优化和提高。此外,这一量表也为教师在教学过程中提供了明确的指导方向。教师可以依据评估结果,针对学生在艺术表达和科技应用方面存在的不足,制订个性化的教学方案,以促进学生在艺术和科技融合方面能力的持续提升。

第八章
学校层面的系统构建

8.1 跨学科教学评价的教师胜任力模型

在教育改革的大潮中,教育观念不断更新,教学方法也在不断创新。由于其独有的教育优势,跨学科教学已经成了一个关键途径,用于培养学生的综合素质和创新能力,因此越来越受到教育行业的普遍关注。跨学科的教学评估作为教学过程中的核心部分,不只是评估教学效果的关键途径,它还是指导教学方法创新和评估学生学习效果的中心因素。作为教学活动的策划者和指导者,教师在跨学科的教学评估中所展现出的能力,直接影响评估的效果和教学目标的达成。因此,建立一个既科学又全面,并且具有明确目标的教师胜任力模型,变得尤为关键,以确保跨学科教学评估的有效执行。

"教师跨学科评价能力雷达图"应时而出,它从学科整合、评价设计、沟通合作、技术应用和专业发展五个方面细化为二十个具体指标,为全面、直观地评估教师的跨学科评价能力提供了强有力的工具。通过使用这张雷达图,教师可以清楚地认识到自己在多个方面的技能和能力,明确自己的长处和短板,进而为自己的专业成长制定更为精确的策略。

从学科整合的角度看,教师融合各种学科知识的能力构成了跨学科教学的核心。以"城市可持续发展"这一跨学科项目为研究对象,地理学中关于城市规划布局的基本原则和资源在不同区域的分布特性等方面的知识,构成了理解城市空间布局和发展潜能的基础框架;在经济学领域,城市经济的发展模式、产业结构的优化途径等方面的内容,对于增强城市经济的活跃度和竞争力具有至关重要的作用;在社会学领域,城市人口结构的演变和社会文化的多样性等多个方面,对城市社会和谐和文化传承产生了深远的影响。只有当教师将这些跨学科的知识进行有机整合,他们才能为学生建立一个全方位了解城市可持续发展的知识结构,我们鼓励学生从地理学、经济学、社会学等多个学科的角度,全面地分析城市发展所面临的各种问题,并培养他们的综合思考能力,以便他们能在复杂的实际环境中,灵活地运用多学科的知识来解决现实中的问题。

在学科融合的维度中,挖掘学科交汇点的敏感性也是至关重要的能力。以"环境保护"这一主题为出发点,化学领域对污染物成分进行的精确分析,将有助于学生更好地理解污染的根本性质;在生物学中,生态系统平衡的理念有助于学生理解生物与其环境之间的紧密联系;在地理学中,环境变化的模式和其影响要素为学生呈现了一个宏观的环境感知角度。教师有责任敏感地识别这些学科间的交汇点,如化学污染物对生物多样性的作用、生态系统的变迁与地理环境的变化之间的联系,并引导学生研究不同学科知识在解决环境问题时的协同效应,以培养学生的跨学科思维和创新能力。

在评价设计的多个维度中,重点是评估教师在制定科学和合理的评价标准方面的能力。评估标准就像是教学过程中的指南针,它必须与教学目标和学生的实际需求紧密相连,并具有清晰的方向性和实用性。例如,在对"科技创新项目"进行评估时,如果教学目标是培养学生的创新思维、实践技能和团队合作精神,那么评估标准不仅应该关注学生的最终创新成果,如创新产品的性能和创新性,还应该考虑学生在项目过程中的创新思维表现,如创意的新颖性、解决问题的独特思路;团队合作的能力涵盖了团队成员间的交流效率、任务分配的合理性以及团队之间的默契程度等方面;处理问题的能力,包括问题的识别、深入分析以及最终的解决方案。仅当采用这种全方位和科学的评估准则时,我们才能准确地量化学生在各个项目中的学习表现,并为教学方法的优化提供有益的建议。

在评价设计方面,教师必须具备设计多种评价任务的能力。尽管传统的考核和作业评估方法在某种程度上是规范和客观的,但它们很难全方位地评估学生在跨学科学习过程中的整体能力和修养。因此,教育工作者还需要策划项目报告、团队展示和实地考察等多种评估活动。项目的报告旨在评估学生对于知识的系统性整理、深入的分析与总结,以及他们的书面表达技巧;小组的展示活动有助于提高学生在团队合作、口头沟通和交流方面的能力;通过实地考察,学生能够在实际环境中应用所学知识,从而增强他们的实践技能和问题解决技巧。通过多元化的评估任务来适应不同学生群体的学习方式和能力层次,目的是让评估的结果更深入、公正地展现学生的学习状况。

在沟通与合作的维度中,我们主要关注教师与学生、家长以及其他学科的教师之间的沟通与合作技巧。有效地与学生进行沟通是实现教学成功的决定性因素。在执行跨学科项目的过程中,学生可能面临学习上的难题和困惑。教师会定期与学生进行一对一的交流,以便更深入地了解学生在项目中的进展情况,包括已经取得的成果、遇到的问题以及对知识的理解程度等。依据这些提供的信息,教师能够适时地调整自己的教学方法,为学生提供有针对性的指导,协助他们克服各种困难,以确保教学项目能够顺利进行。

与父母之间的交流也是绝对必要的。家长在学生的学习过程中起到了关键的支持和合作作用。教师可以通过家长会或家长微信群等形式,向家长详细介绍跨学科项目的目标、内容以及学生的学习表现,从而帮助家长更好地了解学生在学校的学习状况,并加强他们对跨学科学习的理解和支持。例如,在"文化遗产保护"这一跨学科的项目中,教师会邀请家长来展示项目的成果。这样,家长可以更加直观地观察到学生在项目中的成长和进步,从而更加积极地配合学校的教育工作,为学生创造一个更好的学习环境。

与其他学科的教师合作构成了跨学科教育的关键部分。在"历史与艺术融合"的教学过程中,历史教师和美术教师共同参与备课。历史教师利用其专业知识,从历史背景、文化内涵等多个方面进行讲解,使学生能够了解艺术作品产生的时代背景和文化根源;美术老师会从艺术的展现方式和绘画的技巧等多个角度给予指导,以协助学生更好地理解艺术作品的审美价值和创作方法。通过双方的紧密合作,我们为学生创造了一个更为丰富和多样化的学习环境,这有助于学生从多个学科的角度更深入地理解历史与艺术之间的联系,并进一步培养他们的全面能力。

在技术应用的多个维度中,主要目的是评估教师在运用现代教育技术进行评价数据的收集和分析方面的能力。伴随着信息技术的迅猛进步,教育技术在教学评估领域的使用变得越来越普遍。教师有能力使用 Moodle、Canvas 等学习管理工具,来搜集学生的各种学习行为信息,包括他们的在线学习时长、完成的作业、参与讨论的频次以及讨论的质量等方面的数据。利用 Excel、SPSS 这样的数据分析工具,教师可以对这些数据进行详尽的解读,深入挖掘其背后的含义,并进一步了解学生的学习模式、长处和短板。举例来说,教师在分析学生在数学和科学交叉学科项目中的在线学习数据时,发现有一部分学生在数学计算环节投入了更多的时间和精力,错误率相对较高,这可能意味着这批学生在数学的基本概念或计算方法上有所欠缺。为了解决这个问题,教师可以为学生提供有针对性的指导,如推荐相关的在线学习资源、组织专项练习,以实现个性化的教学,从而提高教学效果。

在专业发展的多个维度中,教师的持续学习和更新跨学科教育观念的能力被特别强调。跨学科教育是一个充满活力和创新精神的领域,不断有国内外的教育研究成果和实践经验出现。教育工作者应当持续密切关注这些最新的发展趋势,并不断地刷新他们的教育观念。教师参与跨学科的教育研讨活动是他们获取最新资讯的关键方式。在这些研讨中,他们有机会与行业内的专家和学者进行深入的交流,以获取最新的研究发现和实际案例,从而拓展他们的知识视野。深入研读如《教育研究》和《课程•教材•教法》这样的学术刊物,可以帮助教育工作者更好地理解跨学科教育的理论与实践。积极参与各种在线学习社群,包括但不限于教育论坛和学术社交平台,教育工作者有机会与全国各地的专业人士分享他们的经验和心得,以共同讨论和解决跨学科教学过程中遇到的各种问题和解决策略。

此外,教育工作者还应该在教学过程中融入新的教育观念,并持续地反思与完善他们的授课方式。例如,当教师掌握了基于项目的学习(PBL)这一理念后,他们可以在跨学科的教学过程中设计特定的项目,鼓励学生通过独立探索、团队合作等方法来完成项目目标,从而提高学生的整体能力。在执行项目的过程中,教师需要持续地反思教学活动中出现的各种问题,如项目的设计是否合适、学生的参与度是否高以及教学成果是否达到了预设的目标。基于这些反思,教师应适时地调整他们的教学策略,以不断地提高自己的教学质量。

利用教师跨学科评价能力雷达图,我们可以对教师的跨学科评估能力进行全方位和系统性的分析。通过雷达图的评估数据,教师能够明确地认识到自己在多个方面的能力,并清楚地认识到自己的长处和短板。举例来说,如果一名教师在学科整合方面有出色的表现,但在技术应用方面稍显不足,那么他完全有能力制定个性化的职业发展策略,并有针对性地提高自己在技术应用上的技能,如参与教育技术培训或学习如何使用数据分析软件。采用这种教学方法,教师可以持续增强其跨学科的评估技巧,以更好地满足跨学科教育的实际需求。

8.2　协同备课中的评价标准共建

在涉及多学科的复杂教学体系里,协同备课成为确保教学品质和评估效果的核心步骤。协同备课不仅有助于融合不同学科教师的专业知识和教学经验,还可以促进教师间的交流和合作,共同制定科学、全面的评价标准,准确地反映学生在跨学科学习中的成果和能力。为了更有效地加强学科教师间的合作,我们开发了名为"协同备课观察记录表"的工具。该工具从学科的整合程度、评价的一致性、教学方法的协同性以及教学资源的共享性等多个角度进行了深入的分析,为协同备课提供了科学的指导和评价手段。

以"校园植物研究"这一跨学科项目的合作备课为背景,各个学科的教师都充分利用了自己的专业特长,共同参与了评价标准的制定过程。生物教师利用其丰富的专业知识,从植物的分类和生长习性等多个角度提出了评估的关键点。在对植物进行分类的过程中,我们希望学生能够准确地鉴别出不同的科属植物,如蔷薇科的植物,它们的花大多是两性的,拥有 5 片花瓣,而它们的果实主要是核果或梨果;菊科中的植物通常拥有头状的花序,并带有舌状和管状的花,其果实为瘦果。学生不仅需要了解这些植物的外观特点,还需要掌握它们的分类依据和进化关系。学生在学习植物的生长习性时,必须对其生长周期有深入的认识,涵盖种子的发芽、幼苗的成长以及花的结果等各个生长阶段的特性和关键时刻。此外,我们还需要了解植物对于光照、水分和土壤等环境元素的需求。例如,向日葵是一种需要短日照的植物,它在生长时需要大量的阳光,但长时间的光照可能会对其开花和结果产生不良影响;它对水的需求量很大,特别是在其生长的高峰期和开花时期,必须确保土壤保持湿润状态;虽然对土壤的需求不是特别高,但在富饶且松软的土地上,它的生长表现尤为出色。

基于植物与其环境之间的相互作用,科学教师给出了一系列详尽的评估建议。评估学生是否能够深入探讨植物分布与其地理环境之间的联系,是评价过程中的一个核心问题。在探究校园内植物的分布模式时,学生需要全面地考量光照强度、土壤的酸碱平衡以及地形的不规则性等多个因素对植物分布产生的影响。比如,在阳光照射充足的地方,这里非常适宜生长如紫薇和石榴这样的喜阳植物;在土壤偏向酸性的地方,杜鹃花和栀子花等植物的生长状况较为理想;在地形较低且容易积水的区域,菖蒲、荷花等水生植物显得尤为合适。此外,作为科学教师,他们还指导学生深入研究植物如何影响环境，如植物的蒸发功能可以提高空气的湿度，对局部气候进行调整；植物的根系有助于稳定土壤，避免水土流失，并优化土壤的构造。

在植物绘画的表现方面，美术教师参与了评价标准的制定过程。评估学生在绘画时对植物的形态和色彩的描述是否既生动又精确。当学生进行植物形态的绘画时，他们需要细致地观察植物的总体形态，判断是高大的乔木还是矮小且丛生的灌木；关于枝干的生长方向，它是直立向上生长，还是曲折蜿蜒，抑或是匍匐在地面上；关于叶子的排列，它们是互生的，而对于生存的叶子则是轮生的。在色彩的表现上，我们需要精确地描绘植物在各种季节和不同光线条件下的颜色转变。举个例子，当春季来临时，树叶展现出清新的绿色，充满了生命的活力；在夏季，树叶的色彩变得更为浓烈，展现出一种深绿的色调；在秋季，由于叶绿素的分解作用，树叶可能展现出如金黄或火红这样的颜色；在冬季，部分树叶开始枯萎，其中一些呈现为干燥的棕色。当学生进行绘画活动时，他们还需要考虑光线如何影响植物的色彩，例如，光线照射的表面颜色会显得明亮和鲜艳，而背面的颜色则会显得比较暗淡和深沉。

利用这种跨学科的教师合作方式，我们可以确保评估标准既全面又科学，并准确地展现学生在跨学科学习过程中的表现和能力。在合作备课的过程中，教育者也可以集体讨论如何教学、如何整合教学资源，以及学生可能面临的挑战和应对策略。在教学策略方面，教师可以结合项目式学习、探究式学习和合作学习等多样化的方法，以激发学生的学习热情和主动性。举例来说，在"校园植物研究"这一项目里，教师有能力组织学生进行小组实地观察和数据测量，并通过团队合作的形式来完成植物相关信息的搜集与整合；接着，指导学生提出疑问，如"校园内各个区域的植物种类为何存在差异？"，利用探索性的学习策略，学生可以独立地查找资料、分析数据并寻求解答。

在整合教学资源的过程中，教师有能力最大限度地利用各种可用资源，为学生提供多样化和丰富的学习资源。教授生物学的教师有能力提供包括植物样本和科普读物在内的多种资料；科学教师可以推荐各种与科学相关的纪录片和在线数据库资源；美术教师有能力展示高质量的植物画作，并为学生提供绘画所需的工具和技术建议。此外，教师也有能力引导学生走出教室，前往学校、公园、植物园等地进行现场观察和学习，从而扩大学生的学习视野。

除此之外，教育者也有能力共同预见学生在学习旅程中可能碰到的各种问题，并据此拟定针对性的解决方案。举例来说，学生在进行植物分类时可能会遇到难题，为此，教师可以组织关于分类的专题讲座，以帮助学生更好地理解和掌握分类技巧；在绘画植物的过程中，学生可能会遇到色彩搭配不协调的问题，而美术教师可以提供色彩知识的讲解和示范。

8.3　教师评价素养的校本培训路径

为了提高教师的评估能力，建立一个系统化和全方位的校内培训体系显得尤为关键。新推出的"校本研修工作坊设计模板"涵盖了六大主题和十二项活动，这为教育工作者提供了一个全面的培训和学习环境，帮助他们在跨学科评估方面持续进步。

该主题覆盖了多个方面，包括跨学科的评价理论、评价工具的开发、评价实践案例的分析、评价结果的反馈和应用、学生发展性评价以及多元评价主体的参与等。活动的形式多种多样，包括专家讲座、小组讨论、模拟评估、案例分析、实践操作等。

在"跨学科评价理论"这一主题之下，我们邀请了教育领域的专家来举办讲座，以深入探讨跨学科评价的定义、特性、重要性以及国内外的最新研究进展。专家们可以借助真实的案例，深入探讨跨学科评价与传统学科评价之间的差异，并强调跨学科评价应更多地关注学生的综合能力和素质，以及他们在跨学科学习中的表现和进步。在讲座结束之后，我们组织了教师进行小组讨论，分享了他们的学习经验和感悟，并探讨了如何将跨学科评价理论应用到实际的教学中。举例来说，教师可以探讨如何在他们所教授的学科中设计跨学科的评价任务，如何将评价结果与教学目标紧密结合，以及如何利用评价结果来促进学生的学习。

在"评价工具开发"这一主题之下，我们组织了教师进行分组，为不同的跨学科项目设计了评价标准，并对其进行了展示和相互评价。教师团队会根据各种不同的跨学科项目，如"历史与文学融合"项目、"数学与物理跨学科实验"项目和"艺术与科技创意"项目，来制定相应的评估标准。在进行评价设计时，教育者们必须深入思考评价的各个方面，如维度、指标和权重，以确保评价标准既科学又合理，并具备实际操作性。比如，在"历史与文学融合项目"的评估标准里，评估的维度可能涵盖了对历史知识的掌握、文学的表达技巧、跨学科的思考方式以及团队合作的能力等方面;这些指标可以进一步细化为对历史事件的精确描述、文学创作的质量、对历史与文学关系的深入理解以及团队成员间的沟通和协作效率等方面;权重的分配是基于项目的主要焦点和既定目标来进行的。在展示和互评的环节中,教师有机会互相借鉴和学习,以便找出自己设计中存在的不足,并持续优化评价标准。

在"评价实践案例分析"这一主题之下,我们挑选了几个具有代表性的跨学科评价实践案例,并组织教师进行了深度的分析研究。教育工作者可以从实际案例中吸取宝贵的经验,例如,如何制定高效的评估任务、如何整理和分析评估数据以及如何利用评估结果来优化教学方法;此外,我们还可以对案例中的问题进行深入分析,并给出相应的优化建议。例如,在研究一个"环境保护跨学科项目"的评估实例时,教育者们观察到,在评估过程中,对学生的创新思维和实际操作能力的考察并不全面,而且评估的反馈往往不够迅速,这导致学生难以迅速调整他们的学习方法。面对这些挑战,我们有机会探讨如何优化评估策略,为了更好地评估学生的创新思维和实践技能,我们需要增加评价指标,并构建一个及时且高效的反馈系统。

在"评价结果反馈与应用"这一主题之下,我们通过举办讲座和组织小组讨论,使教师能够更好地理解评价结果反馈的价值和应用方法。评估的结果不仅需要及时地传达给学生,还需要以适当的形式展示,以便学生能更好地理解和接纳。例如,教师可以通过评语、等级、图表等多种方式来反馈评价结果,同时给学生提供具体的建议和指导,帮助学生明确自己的长处和短处,制订改进计划。除此之外,教师还需要掌握如何利用评估结果来优化教学方法,并根据学生的学习状况来调整教学内容、教学手段和教学进度,以实现教学与评价之间的健康互动。

在"学生发展性评价"这一主题之下,我们强调了对学生个体差异和潜在发展能力的关注,并通过结合过程性评价和终结性评价的方法,对学生的学习过程和成果进行了全方位的评估。教师有能力通过课堂观察、学习日记和成长记录袋等多种方式来搜集学生在学习过程中的各种信息,以便及时识别学生的进步和存在的问题,并给予他们适当的鼓励和指导。例如,在"数学与科学跨学科实验"项目中,教师有机会观察学生在实验过程中的操作技巧、团队合作能力和问题解决能力等,记录学生的表现,定期与学生交流,反馈评价结果,从而帮助学生不断提升自己的实验能力。

在"多元评价主体参与"的背景下，本研究探索了如何融入学生的自我评价、相互之间的评价以及家长的评价等多种评价主体，从而为评价提供了更多的视角和信息来源。学生的自我评估有助于他们对自己的学习旅程和成果进行深入的思考，同时也培育了他们的自我管理和反思技巧；通过互评，学生可以加强彼此之间的沟通与学习，并从他人视角审视自己的长处与短板；通过家长的评价，家长能够更好地了解学生的学习状况，并积极参与到学生的教育活动中，从而形成家庭和学校的共同教育力量。举例来说，在"文化遗产保护跨学科项目"里，学生进行自我评估和相互评价，以便他们能够对自己和团队成员在该项目中的表现进行评价，例如，收集资料的完整性、展示报告的成果以及团队合作的技巧等方面；此外，我们还邀请了家长参与"文化遗产保护跨学科项目"。在这个项目中，我们组织学生进行自我评估和相互评价，学生可以对自己和团队成员在项目中的表现进行评价，如数据收集的全面性、展示报告的效果、团队合作的能力；与此同时，我们也邀请了家长来参与评估过程。家长可以从学生在家里的学习态度、参与项目讨论的积极性，以及对文化遗产保护意识的加强等方面提供反馈。例如，一些家长表示，孩子参与该项目之后，对家乡的历史和文化产生了浓厚的兴趣，主动地翻阅相关资料，并愿意与家庭成员分享其学习成果。

为了更有效地激发学生的自我评价能力，教师可以制定一套详尽的自评量表。该量表应包括学习目标达成的情况、学习方法的应用，以及在遇到困难时的应对策略等多个方面。该量表使用了易于理解的措辞和直观的评分方法，例如，通过1～5分来表示学生从"极度不满"到"极度满意"的程度，这样可以帮助学生更清晰地评估自己的表现。在自我评估的过程中，教师鼓励学生结合实际案例进行自我评价，例如，"在收集资料的阶段，我通过网络搜索、实地走访等多种方式，收集了丰富的资料，并为自己在资料收集方面打了4分"。采用这样的方法，学生可以对自己的学习旅程进行更为深入的思考，识别自身的长处与短板，从而设计出更具针对性的学习方案。

在进行互评的过程中，教师需要指导学生用一个客观、公平和友好的心态来评价他人。可以安排小组之间的互评活动，每个小组都会选出一名代表进行展示，而其他的小组成员则按照评价的标准来进行评估。在评估的过程中，学生不仅需要突出自己的优势，还需要给出明确的改进方案。例如，在评估小组的展示报告时，学生可能会说："你们小组展示了丰富的内容和清晰的讲解，但在时间管理上还有进一步优化的空间，建议下次可以提前进行练习，合理分配每个部分的讲解时间。"通过相互评价，学生可以从他人的经历中吸取教训，拓展自己的思维，同时也培养了学生的批判性思维和沟通能力。

在家长评价这一方面，教师有多种途径来收集家长的反馈，包括但不限于在线问卷调查、与家长的面对面交流以及家长的个人评价。在在线问卷调查中，我们设计了一系列与学生在跨学科项目中学习有关的问题，例如："您是否感觉到孩子在学习过程中能够更好地融合和应用不同学科的知识？""在孩子参与了这个项目之后，您是否觉得与他讨论学习主题的次数有所上升？"。在家长会议中，有专门的时段供家长分享他们孩子在项目中的表现和所经历的变化，这有助于加强家长间的沟通与学习。通过家长的评语，家长可以更深入地了解孩子在家里的学习状况和所取得的进步，如"在这次的文化遗产保护活动中，孩子掌握了团队协作的技巧，在与同学共同完成任务的过程中，我们表现出极高的积极性和主动性，不仅会主动翻阅相关资料，还会深入探究家乡的文化遗产，这让我们感到非常安慰"。这些家长提供的评估数据，可以帮助教师更深入地掌握学生在家中的学习状况和成长轨迹，为接下来的教学活动提供更为翔实的参考信息。

通过构建由六大主题和十二项活动组成的校内研修工作坊，教师有机会系统性地掌握与跨学科评价相关的专业知识和技术，从而不断地提高自己在评价方面的专业素养。在培训活动中，学校有能力建立一个全面的反馈追踪系统，周期性地收集教师的学习经验和培训需求，并根据这些反馈来适时地调整培训的内容和方法，以确保培训内容具有针对性和有效性。例如，在培训的中期阶段，通过进行问卷调查，我们发现部分教师在开发评价工具方面仍然遇到困难。因此，学校可以安排额外的辅导课程，邀请专家进行一对一的指导，以帮助教师解决实际问题。

除此之外，学校也有能力激励教师将他们的培训成果融入到常规的教学活动中，并组织教学实践的分享。教师有机会分享他们在跨学科教学评估中的宝贵经验和创新方法，以实现彼此的学习和共同的进步。此外，学校有可能建立合适的奖励机制，以表彰和奖赏在跨学科教学评估中表现出色的教师，从而激发他们参与教育培训和教学改革的热情。

第 九 章

学生评价机制

9.1 元认知能力培养与自我反思日志设计

在当前的教育结构中,学生的独立学习能力已经变成了评估教育效果的核心标准,而元认知能力则是推动自主学习的主要动力。美国心理学家弗拉维尔(J. H. Flavell)在 20 世纪 70 年代首次提出了元认知的概念。这不仅仅是一个简单的认知技巧,而是一个包括元认知知识、元认知体验和元认知监控在内的多维度的复杂认知结构。元认知知识包括个体对于自己的认知特性、学习方法以及任务的难度等多个方面的认识;元认知体验是一种在认知过程中产生的情感体验,如自信、困惑;元认知监控涉及个体对其认知活动的规划、监控以及调节。

在跨学科学习的大环境中,元认知能力的重要性变得越来越明显。跨学科的学习模式要求学生跨越学科的边界,融合多个学科的知识来应对复杂的挑战,这与传统的单一学科学习方式存在根本的差异。在传统的学习模式中,学生只需要掌握他们所学的学科知识,并按照预定的学习路线进行学习。跨学科学习所面对的问题环境是复杂和多变的,没有固定的解题模式可供参考,因此需要学生自行选择学习策略,合理分配知识储备,并实时监控学习进程。例如,在探讨"全球气候变化对沿海城市的影响"这一跨学科主题时,学生不仅需要掌握地理学中有关气候和地形的知识,还需要探讨经济学中的城市经济发展模式如何适应气候变化,以及社会学中与人口迁移和城市规划相关的议题。在面对复杂的知识结构和问题场景时,具有出色元认知能力的学生能够明确地认识到自己对各个学科知识的掌握水平,并能选择适当的学习策略。例如,他们可以使用数据分析软件处理地理数据,在团队讨论中合理分配时间来阐述观点,并根据研究过程中出现的新问题实时调整学习计划。

为了更有效地培养学生的元认知能力,我们将"反思日志"扩展为一系列更具针对性和系统性的工具,这些工具从不同的时间维度和学习场景出发,全面、多层次地引导学生深入反思自己的学习过程。

9.1.1 周记模板:学习过程的周度梳理

周记模板是一种周期性的反思工具,其目的是引导学生每周对自己的学习经历进行系统的整理。在跨学科的学习过程中,学生每周都会参与各种各样的学习活动。当他们参与跨学科项目的讨论时,他们的思维经常会产生激烈的碰撞。来自不同学科背景的学生会分享他们的独到见解,这就需要他们在讨论结束后进行深入的总结和反思,以便更有效地吸收和应用所学知识。在资料的收集阶段,学生需采用跨学科的研究手段,从大量的信息中筛选出有价值的资料,这一过程中所遭遇的挑战和应对策略都是值得记录的。

以"城市交通拥堵治理"这一跨学科项目为背景,学生在搜集城市交通流量的数据过程中,可能会遇到数据不完整和数据格式不一致的问题。在周记部分,学生能够详尽地描述问题的具体表现。例如,在搜集某一地区早高峰的交通流量数据时,他们发现相关部门提供的信息只覆盖了主要道路和支路的数据,而这些数据大多是纸质格式,这使得数据很难直接被导入数据分析软件中,从而影响了我们的分析进度。此外,学生还需要详细记录他们解决问题的策略和手段,例如:"我们一方面与当地的交通管理部门取得联系,寻求更全面的信息;另一方面,我们学习如何使用数据格式转换工具,将纸制数据转换为电子格式,这样做是为了进行更深入的分析。"

周记模板不仅记录了问题和解决方法,还鼓励学生回顾和总结这周的学习成果。这些研究成果不仅涵盖了知识领域的进一步拓展,还包括对城市规划中的交通布局原则和交通工程中智能交通系统原理的全新认识;这也包括了能力方面的进步,如团队合作和沟通技巧的提升。举个例子,学生可以这样描述:"经过这周的项目学习,我掌握了使用地理信息系统(GIS)软件对交通流量数据进行可视化处理的技巧。这不仅使我对交通流量的分布有了更清晰的认识,还增强了我处理和分析数据的能力。在与团队成员的交流中,我也学会了听取各种不同的看法,并更加高效地分享我的观点,我们的团队合作技巧得到了加强。"通过每周的学习记录和深入的反思,学生可以逐步培养出定期回顾和总结自己的学习经验的习惯,这不仅加强了他们对自己学习过程的理解和监督,而且就像在学习的旅程中,他们会定期回顾过去的经验和教训,为未来的学习方向提供更为明确的指引。

9.1.2　项目复盘表:深度反思项目历程

项目复盘表作为一个关键工具,旨在协助学生在完成跨学科项目后进行全方位和深度的反思。该工具能让学生从多个角度全面审视项目流程,并从挖掘有用的经验和教训,从而为他们未来的学术研究和项目实施提供有价值的参考依据。

在完成一个跨学科的项目之后,学生首先需要对项目执行过程中遇到的各种问题进行详细的整理和深入的分析。这不只是指在项目实施过程中遭遇的技术问题,例如在"校园生态系统研究"这一跨学科项目中,利用分子生物学技术来分析土壤中的微生物群落时,可能会遇到操作不够熟练和实验结果不够稳定的问题;此外,还涉及团队合作和时间管理等多个方面的议题。例如,在项目的初始阶段,由于团队成员间的职责划分不清晰,可能会导致某些任务被重复或忽略。例如,负责植物和动物研究的团队在某些地方进行了重复的样本采集,但在一些边远地区却没有人进行样本采集。在讨论的过程当中,也有可能会有少数成员过度发言,从而影响讨论的方向,部分团队成员的参与度较低,导致他们的观点不能得到充分的表达,这直接影响了整个团队的决策效率。

此外,学生还需深入思考团队合作的实际效果。这涉及团队成员间的职责分配是否恰当、合作的默契程度以及冲突解决策略是否高效等多个方面。学生可以通过回顾项目中的具体事件来评估团队协作的情况,例如:"在一次实地考察中,团队成员可以根据各自的学科优势,分工合作完成数据采集和样本分析任务。生物专业的同学负责识别生物种类,环境科学专业的同学负责监测环境指标,大家配合默契,高效地完成了任务,这体现了团队协作的优势。但是,在后续的数据整理和报告撰写阶段,由于沟通不及时,不同小组的数据格式和标准不一致,由于某些数据的错误和不一致性,我们需要投入更多的时间来核实和统一这些数据,这显示出我们在沟通和合作方面仍有不足,有必要进一步强化沟通和合作流程的标准化。"

除此之外,学生还需要对自己在知识和技能方面的应用状况进行深入的反思。在项目实施过程中,思考自己所掌握的学科知识是否能够充分应对各种问题,以及是否有能力灵活运用所掌握的技能来解决实际遇到的问题。举例来说,在一个名为"科技创新与社会发展"的跨学科研究项目里,学生有责任采用数学建模的手段来探究科技进步是如何影响社会经济的。如果学生在数学建模的能力上存在不足,他们可能难以精确地构建模型,这会妨碍对项目数据的深度分析,并使他们意识到在这一领域需要进一步加强自己的技能,如学习更多的建模方法和优化模型的求解流程。

利用项目复盘表,学生可以从多种视角深入思考项目的各个环节,从而不断地积累项目的经验,并在跨学科的学习过程中增强自己的整体能力。这样的反思方式不仅可以帮助学生在当前的项目中获得更出色的成绩,而且还能为他们未来的学术和职业生涯打下坚实的基础,让学生在面对未来的复杂和多变的问题时,能够依靠之前积累的经验迅速做出判断,并选择最适合的解决方案。

9.2　同伴互评量规的开发

在跨学科的学习过程中,团队合作已经成了一种必不可少的学习方法。它有能力整合各种学生的知识、技巧和思考模式,以共同解决复杂的难题。但是,为了更精确地评价学生在团队合作中的表现,并促进学生间的高效合作,制定一套科学且合理的评估标准是非常关键的。以"小组合作贡献度"为评估标准,我们精心搭建了一个详尽的量规框架。

9.2.1　评价维度与标准

"小组合作贡献度"的评估标准从参与度、沟通技巧、任务完成状况以及团队协作精神等多个方面进行,每一个方面都有其特定的评价标准和关键点。

在考察学生参与小组活动的积极性时,我们主要关注他们的参与度。这涉及学生在小组讨论中的参与频次以及他们提出的建设性建议的数量等因素。举例来说,一个积极参与的学生在每一次的小组讨论中都有可能主动发表意见,平均每一次的发言次数可以达到 3～5 次。他能够提出具有创新性和可行性的观点和建议,例如,在"文化创意产品设计"项目的讨论中,他提出了将传统文化元素与现代科技手段结合的创意,这为产品设计提供了新的思路,并且能够积极回应和补充其他成员的观点,从而推动讨论的深入进行。在制定评价准则时,我们可以规定"经常积极地参与讨论,并确保每次讨论的发言次数至少为3次,提供至少2条有意义的意见和建议被视为杰出;"偶然地加入讨论,平均每一次的讨论都能发言1~2次,并能够阐述自己的核心观点"属于中等水平;"参与讨论的次数很少,平均每一次的讨论发言都少于1次,几乎没有发表任何意见"是需要改进的。

在沟通能力这一维度上,我们特别重视学生在团队中的交流成果。这涉及学生在表达自己观点时的清晰度、对他人意见的耐心以及与团队成员交流时的心态。例如,具有出色沟通技巧的学生可以用简明扼要的文字阐述自己的看法,他们的逻辑条理分明。在解释产品设计的理念时,他们可以从功能、审美和市场需求等多个维度进行深入分析,帮助团队成员迅速把握其核心思想。此外,他们始终认真听取他人的建议,当他人发表意见时,他们不会随便中断,并在交流过程中始终保持对他人的尊重。即便他们的观点与他人存在差异,他们也会以和平的心态参与讨论,以减少潜在的冲突和纷争。评估准则可以被设定为"表达明确、结构有序,并且擅长聆听,如果能在团队中有效地调和成员间的关系,并在讨论过程中避免明显的矛盾和冲突"这样的表现被认为是优秀的;"虽然能够清晰地表达自己的观点,但在某些情况下,逻辑可能不够明确,很容易听取他人的看法,并在某些时候与团队成员产生轻微的冲突"被视为中等水平;"表达模糊,不愿意听取他人的意见,可能会导致团队内部的矛盾,从而使讨论不能顺利进行"是需要改进的。

学生小组的合作贡献度可以通过任务完成的情况来评估,这是一个关键的指标。评估学生是否能够准时且高品质地完成他们所承担的职责,以及他们完成的任务的品质和创新程度。例如,在一个名为"文化创意产品设计"的跨学科项目中,如果负责产品外观设计的学生能够及时提交具有创新性和实用性的设计方案,如使用独特的材料和造型来满足目标用户的审美和使用需求,同时在功能设计方面取得新的突破"那么他们就有可能获得较高的评价。评价准则可以被设定为"任务能够按照预定的时间和高质量完成,其成果不仅具有创新性,还具有很高的实用价值,并在整个团队中获得了广泛的认可",因此被视为优秀;任务基本按照预定时间完成,并且成果达到了预定标准,尽管如此,其创新程度仍然不够,足以满足基础任务的需求,可以说是中等水平;"任务未能如期完成,成果的质量不高,存在许多缺点,需要进行大量的修改"是需要改进的。

在团队合作的精神层面上,我们主要对学生在团队环境中的合作精神和团队认同感进行评估。这包括学生是否愿意为了团队的整体利益而牺牲个人的利益、是否能够积极地配合团队成员完成任务以及是否能在团队中发挥自己的优势等因素。举例来说,那些具备高度团队合作意识的学生,在团队遭遇困境时,往往能够主动地担负起更多的责任。例如,在项目时间非常紧迫的情况下,他们会主动加班以完成自己的任务,并协助团队其他成员解决问题,同时也会积极地协调团队成员间的关系,以共同解决问题。评估准则可以被设定为"始终把团队的利益放在首位,主动与团队成员合作,最大化地利用自己的长处,为团队做出显著的贡献,当团队面临困境时,主动地承接更多的任务被认为是杰出的;"有能力与团队成员合作完成任务,但缺乏强烈的团队合作意识,很少主动伸出援手"这句话属于中等水平;"过于专注于个人的任务,而忽视与团队成员的合作,这不仅影响了团队之间的合作,还可能导致团队任务受到阻碍",这是一个需要改进的问题。

9.2.2　小组互评数字看板:实时数据可视化促进互评与合作

为了更生动地呈现学生在团队协作中的表现,并加强学生间的相互评价和合作,我们构建了一个名为"小组互评数字看板"的功能框架。这款数字看板利用大数据分析和可视化技术,能够实时地收集、分析和展示学生在小组合作过程中收集到的各种数据。

在看板上,我们以图形的方式展示了每个学生在小组讨论时的发言频率、完成任务的进度等相关数据。例如,在小组讨论的发言次数图表中,我们可以通过柱状图直观地展示每个学生的发言次数,柱子的高度可以代表发言次数的多少,不同颜色的柱子可以区分不同的学生,这样可以让学生和教师清晰地了解每个学生的参与度。关于任务的完成进度,我们使用进度条来进行展示。进度条的长度是用来表示任务完成的比率,并通过不同颜色的进度条来区分不同任务和学生负责的部分,从而清晰地展示每个学生负责的任务的完成情况,以及整个小组的任务进度。

除此之外,数字看板还能展示团队成员间的合作关系。利用关系图的方式,展现了学生间的交流频次和合作的紧密度。比如说,用线条的粗细来表示沟通的频率,线条越粗就表示两个人之间的沟通越频繁;学生在团队中的活跃程度可以通过节点的尺寸来衡量,节点的尺寸越大,意味着学生参与的任务数量越多,与团队其他成员的合作也就越广。利用这种关系图,我们可以帮助学生和教师更深入地理解团队合作的实际情况。如果观察到某名学生与团队其他成员的交流相对较少,且过于细致,这可能暗示该学生在团队合作过程中存在某些问题。因此,需要教师和其他团队成员的密切关注和协助,例如,主动与该学生进行沟通,以了解其所面临的挑战,鼓舞他们热心地参与团队的各种活动。

通过小组之间的数字互评看板,学生可以更直接地了解自己和团队成员在小组合作中的表现,从而形成一个积极的竞争和合作氛围,激发学生的团队协作积极性。此外,教师可以利用看板上的数据,及时识别小组合作中可能出现的问题,如参与度的不平衡、任务进度的滞后,并提供有针对性的指导和建议,如组织小组沟通技巧的培训、调整任务的分工,以促进小组合作顺利进行。

9.3 数字化工具支持的学生自主评价平台

伴随着信息技术的快速进步,数字化工具在教育界的使用变得越来越普遍,这为教育和教学带来了前所未有的机会和变革。为了增强学生的独立评估技巧,我们设计了一个由数字化工具支撑的学生评价平台,并以在线合作反馈系统为实例,为学生创造了一个方便且高效的自我评估环境。

9.3.1 学生评价能力发展阶段模型

为了更明确地展示学生评价能力的成长轨迹,我们引入了一个名为"学生评价能力发展阶段模型"的新概念。这一模型把学生评估能力的成长过程划分为三个主要阶段:依赖阶段、过渡阶段以及自主发展阶段。

在学习的依赖阶段,学生主要是通过教师的评估来深入了解自己的学习状况。他们缺少独立评估的意识和技能,对于自己的学术成就和表现也没有明确的评判准则。在这一学习阶段,教师的评估对学生的学习进程起了关键的引导角色,任何教师的肯定或建议都有可能对学生的学习态度和热情产生影响。然而,过分依赖教师的评价可能导致学生缺乏独立思考和自我评价的能力,就像婴儿学步一样,始终需要他人的支持,难以独立前进。

随着教育的不断深化,学生逐步步入了一个过渡阶段。在这一学习阶段,学生开始探索自我评估的可能性,但评估的精确度和客观性仍需进一步加强。他们逐渐认识到自我评估的价值,并开始积极地反思自己的学习旅程和所取得的成果。然而,在进行评估时,他们可能会受到主观偏见的干扰,例如,对自己的长处过于自信,对自己的不足了解不够,或者受到情感的影响,这可能导致评估的结果缺乏完整性和精确性。比如,在对自己的文章进行评估时,人们可能只关注其语言的流畅性,却可能忽视了文章整体结构的合理性。在这一教学阶段,教师有责任指导学生掌握评价技巧,并提供相应的评价准则和示例,如明确作文评价应遵循的具体标准,在立意、结构、语言和书写等多个方面,鼓励学生根据既定标准进行自我评估,从而逐渐增强他们的自我评价技巧。

学生在经历了持续的学习与实践后,终于步入了自主学习的阶段。在学生的自主学习阶段,他们有能力独立且客观地对自己的学术成就和表现进行评估。他们有能力利用他们所掌握的评估技巧和准则,从各种视角对自己的学习成果进行深入和全方位的评估。例如,在对自己的数学学习能力进行评估时,学生不仅可以分析自己对各个知识点的掌握水平,还可以评价自己的解题思路、学习方法是否合适,以及在考试中的时间管理能力等。此外,学生还可以基于评估的反馈来制订合适的学习方案,调整他们的学习方法,并达到自我进步的目的。如果你发现自己在函数部分的解题能力不够强,可以有针对性地进行专项练习,观看教学视频,并向老师和同学请教。

9.3.2 《学生自评语料库》:助力学生自我评价

为了协助学生更有效地进行自我评估,教师提供了一本名为《学生自评语料库》的书籍,里面收录了100个用于反思的语句示例。这些示例为学生提供了从多个视角进行自我评估的指导,助力他们学习如何从各种不同的视角进行自我评价,从而增强他们的评价技巧。例如:

"在这个项目里,我在[具体任务]方面表现得相当出色,这得益于我的[具体做法];然而,在[另一任务]方面,我还存在一些不足,因此我计划[改进措施]"。学生有机会依据自身的具体状况,参照这些示例来进行自我评估。又如,在一个名为"历史文化研究"的跨学科研究项目中,学生可以这样对自己进行自我评估:"在这个项目里,我在数据收集方面表现得相当出色,这得益于我通过各种途径,如图书馆查询、在线搜索和现场研究,搜集到了大量有价值的信息。然而,在数据分析和整合方面,我还存在一些不足之处。我计划进一步学习更多的数据分析技术,如内容分析法和文本挖掘方法,为了更深入地探索资料背后所蕴含的历史和文化意义,我们需要增强自己整理和总结资料的能力。"

利用《学生自评语料库》这本书,学生可以更深入地掌握自我评估的技巧和方法,学习如何用实际和客观的方式描述自己的学习成果和进步,同时也能更明确地看到自己的短板,并据此进行有针对性的改进和提高。语料库里的示例犹如一把解锁的钥匙,为学生敞开自我评估的大门,引领他们从模糊的自我认知走向更为清晰和准确的自我评价过程。

第 十 章

家校协同评价模式探索

在当前教育观念不断更新和教育环境变得越来越复杂的背景下,学生的个人成长和发展已经超越了学校这一单一的教育场所。家庭在学生的教育旅程中起到了不可替代的关键作用,其在学生的学习旅程中的重要性日益显现。作为一种具有创新性的教育评估手段,家校协同评价模式正在逐步崭露头角,成为促进学生全方位成长和提高教育品质的核心动力。该项目的目标是将家庭和学校的教育资源进行深度融合,汇聚双方的教育智慧,以共同确保学生在跨学科学习过程中的健康成长。在这一章中,我们将从多个角度和深度去深入研究家庭与学校之间的协同评价模式,特别是从家庭项目式作业的评估设计和家长在评价中的角色定位方面进行探讨,我们进一步研究了家校共育平台的评价数据共享机制等多个方面,目的是为家校协同教育提供丰富的理论基础和实用的实践指导,从而帮助学生在跨学科学习的道路上实现更高效、更全面的发展。

10.1　家庭项目式作业的评价设计

家庭项目式作业不仅是家庭与学校教育之间的关键纽带,还为学生创造了在家中培养全面技能的宝贵时机。通过细致的设计和评估方案,我们可以极大地激发学生的独立学习兴趣,并有效地提高他们处理实际问题的技巧。以"书包减肥计划"作为代表性案例,我们将其扩展为一个长达 8 周的细致跟踪评估计划,目的是全方位地培养学生在整理和归纳、自我管理以及对学习需求有准确认知方面的能力。

10.1.1 8周跟踪评价方案

第一周:关于学习用品的初步筛选和需求评估:在项目启动的第一周,主要焦点是学生对学习用品的初步筛选过程。教师精心安排了教学任务,并要求学生根据当天的课程安排和日常学习的具体需求,仔细筛选书包内的学习材料,并准确地剔除那些不必要的物品。在对学生进行评估的过程中,我们特别关注他们对学习需求的判断能力。例如,我们需要深入研究学生是否能够利用其敏感的观察力,准确地鉴别出在当天或短期学习中真正需要的学习材料,以及哪些材料可以被临时放置在家里。评估方法不仅涵盖了对学生筛选出的实际结果的仔细审查,还包括学生口头上的详细解释。如果学生能够系统地阐述为何保留某些学习材料,并提供去除其他物品的合理理由,同时筛选出与学习实际需求高度匹配的结果,那么他们将有资格获得较高的评价。这个过程不只是对学生理解学习任务的挑战,更是对他们决策能力的一次锻炼。

第二周:关于整理效率的评估:当进入第二周时,主要的考核焦点转向了学生整理书包的效率上。教师精心引导家长采用科学的记录方法,详细记录学生整理书包所需的时间,并在专门设计的 App 上及时进行准确填写。通过仔细比较和深度分析学生每周整理书包的时间数据,我们可以清晰地看到整理工作效率的提高趋势。以学生为例,他们在第一周可能需要 15 分钟来整理书包,但随着他们对学习材料的深入了解和持续的实践练习,到了第二周,整理的时间已经缩短到 10 分钟,这清楚地展示了学生整理书包的效率有了明显的提升。与此同时,在进行评估的时候,我们还需要仔细观察学生在整理过程中的操作熟练度和有序性。例如,学生是否能迅速地找到他们所需要的物品,以及他们是否能将这些物品有序地放置在书包的适当位置,这些都是评估整理效率的关键要素,并全方位地评估学生的实际操作技巧。

第三周:我们主要关注学生在整理书包过程中对学习用品分类的合理性。明确规定,学生应根据不同的学科和用途标准,对学习材料进行有序的分类和摆放。在进行评估的过程中,我们需要全方位地观察学生的分类方法是否合乎科学和合理性,以及学习用品是否被有序地分类并存放在书包的各个隔层里。例如,学生会将语文、数学、英语等学科的教材和作业本进行分类并存放,同时确保铅笔、橡皮、尺子等文具被适当地放在专用的文具袋里,并确保文具袋被放置在方便取用的位置。如果学生能够实现清晰的分类和整齐的摆放,那么书包的内部将会呈现出一种有序的状态,因此,在这个领域里,我们可以得到相当高的评价,这充分展示了学生在逻辑思考和归纳整理方面的能力。

第四周:关于学生书包整理的持续性和自主性:这周我们将重点关注学生整理书包的持续性和自主性。我们应该重点观察学生是否能够养成每天主动整理书包的良好习惯,而不是仅仅依赖家长或教师的反复督促来进行整理。此外,我们还深入研究了学生在面临学习任务不断变化的情况下,是否能够根据实际情况灵活地调整书包里的学习材料。举例来说,当学校有安排如美术课或实验课这样的特别课程时,学生是否可以提前判断并准确地将所需的绘画工具和实验设备放入书包中,并对书包的空间进行合理的规划,以确保所有的物品都得到适当的放置。通过家长在日常生活中的仔细观察和详细记录,可以全面评估学生在这个方面的实际表现,评估学生自我管理技能的培养状况。

第五周:关于学习用品的合理使用和保养:这周的评估主要集中在学生如何合理地使用和维护这些学习用品上。我们需要全方位地观察学生是否能够熟练地使用各种学习工具,如书写工具的正确方法和他们对书籍的珍视程度。此外,我们特别关注学生是否有基本的意识和实际操作能力来维护学习用品,比如,当铅笔变钝时,他们是否能够自主地进行削尖,或者当橡皮变脏时,他们是否能够主动清理。家长可以通过日常的细致观察和与学生的深度沟通,全方位地掌握学生在这一领域的实际状况,并在 App 上实时记录相关数据,从而为后续的综合评估提供有力的数据支撑。

第六周:学生需要根据他们的学习任务来调整书包的内容:随着学习的深入,他们所面对的学习任务也在持续地发生变化。这周的重点是测试学生根据学习任务灵活调整书包内容的能力。比如,当教师分配了大量的复习或预习任务,学生是否能够准确地判断需要带哪些参考资料、练习册等放入书包。同时,仔细观察学生在调整书包内容时的规划能力,以确定是否能够巧妙且合理地安排书包的空间,确保所有物品都能有序地放置,避免产生混乱或空间浪费的情况。通过对学生实际操作的展示和家长细致的观察记录,我们可以全面、客观地评估学生在这方面的能力水平,评估学生在面对学习任务变动时的适应性。

第七周:将书包的整理与时间的管理融为一体:这周我们将把书包的整理和时间的管理结合起来,作为新的评估重点。我们要求学生在规定的时间范围内,以高品质完成书包的整理工作,并确保整理的成果满足既定的标准。在完成书包的整理工作之后,我们需要仔细观察学生是否能够有效地规划学习,并最大化地利用他们的剩余时间进行学习或给予适当的休息。举例来说,学生在早晨去学校之前,是否能在短短的 10 分钟内有条不紊地整理好他们的书包,并巧妙地在剩下的时间里背诵单词、复习关键知识点或进行基础的晨读活动。通过家长的严格监管和详尽的记录,全方位评估学生在时间管理和书包整理之间的协调能力,从而培养学生的时间观念和高效的学习习惯。

第八周:在该项目即将结束的最后一周,我们将对学生在"书包减肥计划"中的整体表现进行全方位和系统性的评估。通过对前七周评价指标的深入分析,包括学习用品筛选的准确性、整理效率的提高、分类的合理性、持续性和自主性的表现、学习用品的使用和维护情况、根据学习任务调整的灵活性,以及与时间管理的融合效果等多个方面,全面、多角度地评估学生的成长和进步。此外,我们还精心策划了一系列学生深度的自我反思和总结活动,激励他们主动分享在学习过程中获得的有价值的经验和深入的感悟,从而进一步加强他们的自我管理意识和能力,指导学生把在项目中所获得的经验和技能应用到他们的日常学习和生活活动中。

10.1.2 家长观察记录 App 界面原型与数据看板

为了让家长能够更加方便和高效地记录学生的表现,我们精心打造了一款功能齐全的"家长观察记录 App"。这款 App 的用户界面设计遵循了简洁和用户友好的原则,主要包括以下几个关键部分。

任务模块:该模块以清晰明了的方式展示了每周"书包减肥计划"任务的具体要求,为家长和学生提供了一个直观的展示平台,使他们能够更准确地了解本周的重点任务和评估方向。此外,我们还精心设计了一个任务完成情况的勾选框,家长可以在学生成功完成任务之后,方便地进行勾选确认,从而更好地追踪任务的进展情况。

记录模块:作为 App 的关键功能部分,该模块为家长提供了各种丰富和多样的记录选项。家长可以利用高清摄影功能,上传学生整理书包的成果照片,从而以直观和形象的方式展示学生整理书包的效果;此外,还配备了一个专用的文本输入框,家长可以在这里详细记录学生在整理过程中的表现和遇到的问题。比如,在记录学生整理过程中的情感状态时,应该是积极的还是消极的;对学生所面临的问题进行记录,例如,难以对某些特定的学习材料进行分类;此外,还提供了一种独特的方式来记录学生如何解决问题,这为后续的评估和分析提供了丰富的文本信息。

在教师端使用的数据看板可以被视为一个高效的数据分析和展示工具,它可以实时并动态地呈现学生在家中的学习进展。通过对家长上传的大量数据进行深入的整理和专业分析,教师能够清楚、直观地看到每个学生在不同阶段的表现趋势。例如,通过使用专业的数据可视化工具,可以以图表的形式精确地展示学生整理书包的时间变化曲线,这使得教师能够清晰地了解到学生整理效率的提升情况;通过高分辨率的图片和详尽的文字描述,我们可以全方位地了解学生在整理分类的合理性、学习用品的使用和维护等方面的实际表现。这一系列丰富的数据资料为教师在未来的教学决策过程中提供了非常有价值的参考依据,教师有能力根据学生的具体状况,进行有针对性的教学策略调整。例如,为了帮助整理效率不高的学生,我们特别提供了关于时间管理和整理方法的个性化建议;为了帮助那些分类合理性有问题的学生,我们组织了一系列的专题指导活动,旨在帮助他们持续增强自己的综合技能。

10.2 家长参与的评价角色定位

在学生的跨学科学习之旅中,家长起到多方面的关键作用,其中,观察者和资源供应者是两个至关重要且不可替代的角色。但是,在实际进行家校合作评估的过程中,由于双方在观点、评价准则等多个方面存在差异,家校评价之间的冲突是难以避免的。因此,建立一套科学而有效的冲突解决方案和流程变得尤为关键,以确保家庭和学校的协同评价工作能够顺利进行。

10.2.1 家长的角色定位

观察者:家长利用与学生日常互动的固有优势,可以在生活的每一个细节中,紧密地观察到学生在跨学科学习过程中的微妙表现。例如,在完成家庭项目式作业时,家长能够全面地观察学生的学习态度,判断他们是积极主动、充满热情,还是消极被动、敷衍了事;我们需要观察学生采用的学习策略是否科学和合适,以及他们是否能够巧妙地应用各种学习方法来解决实际问题;我们还需要观察学生在面对挑战和失败时的反应策略:是选择勇敢地面对、主动地寻找解决方法,还是简单地选择放弃或避开这些困境。以"书包减肥计划"作为案例,家长能够仔细观察学生在整理书包的每一个步骤,从初步的思考和规划,到具体的操作和实施,再到最后的成果展示,我们需要全方位地了解学生在自我管理和问题解决方面的能力进展。此外,家长有能力敏感地识别学生在其他跨学科活动中的兴趣和特长,从而为教师提供更加全面和深入的学生信息,帮助教师实现因材施教的教学方法。

在学生的跨学科学习旅程中,家长依然扮演着关键的资源供应者角色。在《家庭实验室评价指南》的指导下,家长在进行家庭电路实验时,可以严格按照指南提供的详细材料清单,为孩子精心准备电线、灯泡、开关、电池盒等实验材料,以确保实验材料的规格和质量完全满足实验要求,从而为实验的顺利进行奠定坚实的基础。除此之外,家长还有机会充分利用他们的社会资源,为学生提供参观科技馆、博物馆和企业等的实际学习机会。在科技馆里,学生有机会近距离了解最新的科技进展,从而激发他们对科学的深厚热情;在博物馆内,学生有机会深入体验历史文化的深邃与丰富,扩展我们的人文视角;在参观企业的过程中,学生有机会深入了解行业的最新发展趋势,并加强对知识实际应用的感知。此外,家长拥有的丰富知识和宝贵经验也构成了难得的高质量资源。当学生面临学习上的挑战时,家长有机会与他们进行深度的对话和交流,从各种不同的视角出发,为他们提供独到的思维方式和实用的解决策略,从而激发他们的思考,帮助他们克服学习上的难题。

10.2.2　家校评价冲突调解流程图

当家校评价出现冲突时,根据精心设计的"家校评价冲突调解流程图",可以灵活应用 5 种典型的矛盾应对策略,从而及时、有效地解决矛盾,确保评价工作的顺利进行。

沟通协商:为了解决家校评价中的冲突,沟通协商被视为首要且至关重要的手段。当家长和教师在评估学生在某个跨学科项目中的表现时出现意见不合,双方都应该保持一个开放和诚实的心态,并首先进行深入的沟通和协商。例如,许多家长觉得学生在团队合作中起到了关键的领导角色,他们积极地组织和协调团队成员,确保项目的顺利进行。然而,由于教师在课堂上的观察角度有限,他们可能没有完全捕捉到学生的这些显著表现,因此没有给予他们应有的高度评价。在这种情况下,家长和教师可以利用面对面的友好沟通、在线视频会议或实时通信工具等多种方式,真挚地分享他们的观察经历和评价标准。家长有能力以详尽和生动的方式阐述学生在小组讨论环节中的出色发言、高效的组织和协调工作的具体细节,以及这些都对实现团队目标起到了关键的推动作用;教师有机会明确地描述他们的评估准则和主要的观察角度。通过深入和全面的对话与交流，双方有可能识别出彼此的误区，从而形成对学生更为客观、全方位和精确的评估共识，进一步推动学生的持续成长。

第三方调解：如果沟通和协商不能成功地解决问题，那么引入第三方进行专业调解将是一种有效的解决方式。第三方可能是那些在学校内部拥有丰富经验的教育领域专家，他们依靠深入的教育理论和实践知识，可以从专业的角度对评价中的冲突进行详尽的分析；也有可能是经验丰富的心理顾问，他们从学生的心理成长视角出发，协助双方更好地理解学生的行为驱动和背后的心理动因；或者指的是其他持有中立和公正立场的教育从业者。在全面掌握了家校双方的观点、立场和评价依据之后，第三方利用其专业的教育知识和调解技能，从一个客观和公正的视角进行了深入的分析和调解。比如说，第三方可以根据教育心理学中关于学生团队合作能力发展的理论和教学评价领域的相关标准，重新评估学生的表现，并提供具有针对性和可操作性的合理建议，引导家长和教师放下分歧，达成共识，共同为学生的成长创造一个良好的教育环境。

在评估解决冲突的过程中，精确的数据和有力的证据起到了至关重要的角色。为了强有力地支撑自己的评估观点，家长和教师可以利用全方位的数据和证据，如学生的学习表现、完成作业的情况、课堂上的表现记录以及项目参与的详细过程。例如，在对学生的跨学科项目成果进行评估时，教师有机会展示学生在项目实施过程中精心整理的实验数据、由深度研究编写的研究报告，以及他们独特创意的设计方案；家长有机会向大家展示他们为项目在家里所进行的众多前期准备，包括但不限于查阅的详尽资料、所绘制的思维导图以及多次进行的模拟实验等。经过对这批数据与证据进行深入的系统性比较分析，通过这种方式，双方能够更为客观和准确地评估学生的实际表现，避免产生主观偏见和片面的评价，从而为学生提供更有针对性的教育指导和建议。

为了解决评价冲突，如果评价标准存在不明确和不一致的情况，那么家长与教师共同制定一个统一且科学的评价准则就显得尤为关键。在确定评估准则的过程中，双方都应深入考虑学生的年龄特性、认知能力、实际的学习状况，以及跨学科学习的整体目标和教育教学的基础要求。例如，在评估学生在跨学科项目中的创新能力时，双方可以共同探讨并确定创新的具体表现方式和详细的评价维度。更明确地表达，创新的体现可能涉及是否提出了具有创新性和独特性的解决策略、是否采用了独特的研究手段以及是否探索了全新的应用场景等多个方面；评估的多个维度，如创新性、实用性和可行性，都可以被考虑在内。通过联合确定评估准则，我们可以明确评估的详细内容和手段，从而有效地减少由于标准不一致导致的评估冲突，并确保评估结果的公正和可靠性。

尊重与理解：不论选择哪种冲突解决方案，尊重和理解始终构成解决家校评价冲突的基础。无论是家长还是教师，都应该真心实意地尊重和评价对方的观点和评价，深入理解对方的教育动机和所坚持的教育哲学。在进行沟通和协商时，应始终保持冷静和理性的态度，避免情感化的表达和不恰当的言辞。通过彼此之间的尊重和理解，我们可以建立一个基于互信和互助的家校合作关系，这将形成强大的教育合力，共同为学生的成长和发展做出贡献。

10.3　家校共育平台的评价数据共享机制

为确保家长在家中能够科学且高效地进行跨学科的学习评估，我们精心策划并随附了《家庭实验室评价指南》。与此同时，我们正在努力构建一个家校共育平台的评估数据共享系统，以消除家庭和学校之间的信息障碍，并推动双方在信息交流和深度合作方面取得更好的效果。

10.3.1　《家庭实验室评价指南》

《家庭实验室评价指南》这本书内容翔实、覆盖面广，涵盖了材料清单、安全目录和成果准则等核心部分。

材料清单：在进行家庭电路实验和其他各种跨学科的学习活动时，该指南以明确和详尽的方式列举了所需的各种材料。以家庭电路试验为背景，文章不仅详尽地列出了电线、灯泡、开关和电池盒等关键材料，还对每一种材料的详细规格和质量标准进行了明确的解释。例如，需要规定电线的材料、粗细规格，灯泡的功率、型号，开关的类型、安全性能。这种做法确保了家长和学生都能精确地准备完整且完全满足标准的实验材料，为实验的顺利进行提供了稳固的物质基础，并防止了由于材料问题而对实验成果和学习体验产生不良影响。

安全标准：《家庭实验室评价指南》强调了实验安全规范的重要性。该指南详尽且全方位地阐述了防止触电的具体措施，如在连接电路之前必须确保电源是关闭的，并使用具备优良绝缘特性的工具进行操作；此外，我们还特别提醒家长和学生在实验过程中要注意其他各种安全问题,如防止短路导致火灾、正确使用和储存实验材料。为了确保学生在实验中的人身安全,我们必须严格遵循相关的安全标准。这样,学生可以在一个安全和放心的环境中进行跨学科的学习和探索,同时也能培养他们的安全意识和自我保护的能力。

关于成果的标准:确立清晰且详细的成果准则是指导方针的关键组成部分之一。以家庭电路的实验为背景,其成果标准覆盖了众多领域。首先,我们要测试学生是否能够成功地连接电路并确保灯泡能够正常发光,这就需要学生对电路的基本原理有深入的了解,并能够正确地连接各个部件;接下来,我们要重视学生是否能够准确地画出电路图,因为电路图为我们提供了电路连接方式的直观描述,并能展现学生对电路结构的深入理解;此外,我们还需要评估学生是否能够对实验中出现的各种现象给出合理的解释,如灯泡亮度的变化原因和电路故障的诊断方法。这些建立的标准为家长在家中对孩子的跨学科学习进行指导和评估提供了明确且实用的参考。家长可以按照成果的标准来判断,仔细观察学生进行实验操作的全过程,全方位地评价学生在知识掌握和实践技能方面的进步,并对其进行即时指导和反馈。

10.3.2 评价数据共享机制

为了实现家校之间的深度合作,建立家校共育平台的评估数据共享策略是至关重要的一步。这一机制的目标是消除家庭和学校之间长久以来的信息障碍,并推动双方在信息交流和深度合作方面取得更高效的成果。

数据的上传和整合:家长可以选择使用专为此目的开发的 App 或者家校共育的平台,来实时上传学生在家里的学习表现数据。这批数据涵盖了家庭实验室实验的成果照片、详细的实验报告、家庭项目作业的执行记录,以及学生在学习旅程中的思维笔记和创新构想等内容。此外,家长还有机会上传他们对学生学习进程的观察和评估,包括学生的学习态度、集中精力的程度以及在遇到困难时的应对策略等。在学校环境中,学生的各种评价数据,如课堂表现、小组讨论的参与度、作业的完成质量、考试成绩和项目式学习成果,都会被整合在一起。利用技术方法,我们成功地将家庭和学校的评估数据整合到了一个统一的数据库里,为接下来的综合性分析提供了全方位的数据依据。

数据分析与反馈方面:我们采用了尖端的数据处理技术,对收集到的评估数据进行了深入的挖掘和解析。通过对数据的深入分析,我们能够识别出学生在学习旅程中的长处和短板,例如,有些学生在逻辑思考上表现出众,但在实际操作技能上稍显不足;部分学生在跨学科知识的整合和应用上展现了出色的能力,但他们的学习态度并不稳定。依据数据分析的结果,我们为家长和教师提供了具有个性化特点的反馈报告。教师有能力根据所提供的报告来调整他们的教学方法,并为学生的弱点设计特定的辅导课程或开展更多的拓展活动;家长可以在家里有针对性地指导学生进行学习改进,例如,加强对学生实践操作能力的训练,致力于培育学生具备优秀的学习态度和持久的学习兴趣。

实时交流与合作:评估数据的共享方式也为家长与教育工作者构建了一个实时交流的平台。家长与教师有机会在这个平台上实时分享学生的学习进展,以及他们的教育心得和经验。例如,当家长注意到学生在家里难以理解某一跨学科的知识点时,他们可以在线平台上与教师进行沟通,而教师则为他们提供相关的学习材料和建议;当教师在学校中注意到学生在团队合作上的问题时,他们可以将这些观察反馈给家长,共同研究如何更好地培养学生的团队合作技巧。通过这样的即时交流和合作,家庭与学校可以建立紧密的教育合作关系,共同推动学生的全方位成长。

在评估数据共享的过程中,数据隐私和安全问题受到了高度的关注和重视。我们使用了尖端的数据加密方法,对上传和储存的信息进行了加密操作,以确保数据在传输和保存时的绝对安全。此外,我们已经建立了一个严格的数据访问权限管理体系,仅有获得授权的家长和教师有权访问学生的评估数据,并且访问的记录是可以追溯的。此外,我们会定期对数据系统进行安全检查和维护,及时修补可能的安全漏洞,确保学生评价数据的隐私和安全,使家长和教师能够安心使用评价数据共享机制。

第十一章

专注于校本化评价体系的构建和执行

在当前教育改革不断加深和教育观念持续刷新的大背景下,构建和执行校本化评价体系已经成了推动学校特色化发展和全面提升学生综合素质的关键动力。该方法与每所学校的独特办学哲学、教育目标和学生多样化的需求紧密相连,它就像一把精确的尺度,能够精细地衡量学生在跨学科学习过程中的成长路径和进步程度。本章将深入探讨校本化评价体系的构建和执行,包括学校特色课程与评价框架的深度整合、校本评价工具的严格开发流程,以及与区域教育政策的无缝对接机制。对这些核心环节进行了深度的研究和探索,我们的目标是为学校提供一个系统化、科学性强且具有实际操作指导价值的校本评估体系,以帮助学校在教育和教学过程中达到高水平的发展。

11.1 学校特色课程与评价框架的整合

11.1.1 校本课程开发全流程

我们致力于将"传统游戏我会玩"打造为一门极具吸引力的校本课程,这不仅是传承中华优秀传统文化的重要任务,更是为学生搭建了一座充满趣味和探索精神的跨学科学习殿堂。整个课程的开发流程构成了一个紧密相连、逻辑严密的系统性工程,包括多个不可缺少且互相关联的关键步骤。

制定课程目标:我们从知识与技能、过程与方法以及情感态度与价值观这三个方面进行了深入的探讨,并从一个全面、系统且富有前瞻性的角度出发,确立了既科学又明确,同时又具备实际操作性的课程目标。如跳绳,学生需要熟练掌握基础的单摇和双摇技巧，并逐渐克服如交叉跳、编花跳等各种高难度的花样跳绳技巧；在踢毽子的过程中，玩家需要熟练掌握盘踢、磕踢、拐踢、绷踢等多种踢法，并能根据游戏的不同场景和自己的状态进行灵活的切换。从过程和方法的角度看，学生深入地参与了游戏的实际操作，这种观察技巧会得到全面的加强，可以敏感地发现游戏里的微小细节、隐藏的模式和各种可能的变动因子；在游戏中，分析和解决问题的技巧将帮助玩家在面对各种复杂和棘手的挑战时实现质的飞跃，他们会学习从多个视角去思考问题，并采用各种策略来寻找最佳的解决方法；在团队合作的过程中，学生的沟通和协调能力会得到全面的锻炼，学会如何在团队中清晰、准确且具有感染力地表达自己的观点，耐心听取他人的意见和建议，充分发挥团队成员的优势，共同努力推进团队目标的顺利实现。

课程内容的选择：我们始终坚持细致的筛选和严格的考量，挑选出那些既具有代表性又富有趣味性，并且操作性强的传统游戏。跳绳是一种深受大众喜爱且普及度极高的传统游戏，它有多种形式。单人跳绳主要是对学生的个人技能和身体协调性的一次考验，而多人跳绳则更注重培养团队成员之间的默契和凝聚力；踢毽子是一种对学生身体平衡、腿部力量和柔韧性有极大锻炼效果的活动。其玩法多种多样，涵盖了多种技巧和方法，如盘踢的稳定性、磕踢的准确性、拐踢的灵活性以及绷踢的力量；丢沙包实际上是对学生的反应速度、反应敏捷性和团队合作能力的一次全面测试，当学生试图避开沙包并准确地接住沙包时，他们需要迅速地做出反应，并与团队成员紧密合作，制定出合适的策略，并展现出出色的团队合作能力。除此之外，我们还可以巧妙地融入跳皮筋、翻花绳等传统游戏元素。跳皮筋的节奏感和灵活性，翻花绳的创意和技巧性，都可以让学生充分体验到传统文化的多样性和魅力，感受其独特的韵味和价值，丰富他们的课余生活，促进学生的全面发展。

教学实践中：教师在整个教学流程里，充分展现了他们作为指导者、启示者和推动者的核心角色。首先，我们利用各种丰富且形象生动的教学资源，如高清图片、引人入胜的视频、吸引人的故事和实物展览，为学生提供了关于传统游戏的历史背景、丰富的文化底蕴以及在各个地区的独特玩法的全面和多角度的介绍。拿踢毽子这个活动来说，它的起源可以追溯到汉代，最初是作为军事训练的一部分。但到了唐宋时代，踢毽子已经变得非常受欢迎，不仅在民众中得到了广泛的推广，还受到了宫廷贵族的喜爱，逐渐成为一种流行的娱乐方式。我们希望学生能够深入体验到传统文化的悠久历史和其深厚的内涵，探索传统游戏在各个历史阶段的演变和它所代表的社会文化意义。随后,教师对游戏的规则和技巧进行了详尽和仔细的解释,并展示了标准、规范和流畅的操作示例。以跳绳为例子,教师展示了正确的握绳技巧,特别强调要用双手紧紧抓住绳柄,确保绳子能够自然下垂并保持适当的长度;为了展示一个标准的跳绳姿势,你的身体需要保持直立和轻微的前倾,膝盖要自然地弯曲,双脚要轻微地分开。在跳绳的过程中,用你的前脚掌接触地面,整个动作应该是轻盈和有节奏的;教授学生如何掌握摇绳的节奏,并鼓励他们根据自己的身体状况和节奏来调整摇绳的速度,例如,可以选择匀速跳绳或变速跳绳等多种方法。

评价的反馈:我们需要建立一个多维度、全面、持续进化的评估框架,以确保对学生的学习效果进行全方位、客观、精确和即时的评价。在游戏技能的掌握上,我们通过仔细观察学生在游戏中的各种表现,如跳绳的速度、频率、稳定性、花样的多样性,踢毽子的连续次数、踢法的准确性和多样性,对毽子飞行轨迹的控制能力,丢沙包的准确性、反应速度、躲避技巧,进行了科学、合理、量化和质性相结合的评价;为了深入了解学生对传统文化的认知,我们采用了课堂讨论、小组辩论、分享心得、文化知识问答和传统游戏文化展示等多种方法进行全方位的评估,我们需要深度探索学生对于传统游戏所代表的文化意义、其背后的历史背景、在社会中的价值以及文化传承的重要性的认知程度和广度;在团队合作的表现方面,我们需要仔细观察学生在团队游戏中的沟通协作、分工配合、角色担当、团队决策、冲突解决等方面的表现,以及他们对团队目标的贡献程度,然后进行客观、公正、全面的定性评价。在评价完成之后,教师会迅速、全方位、深度地向学生提供评价反馈,充分肯定学生的长处和进步,明确指出学生在哪些方面表现突出,如跳绳技能的提高、对传统文化的深入理解、团队合作能力的增强,让学生感受到自己的努力得到了认可,从而增强自信和成就感。

11.1.2 校本评价实施(Plan-Do-Check-Act)计划-执行-检查-处理循环图

为了确保校本评价能够高质量地进行,并持续地进行优化和改进,我们引入了 PDCA 循环这一科学和系统的管理哲学,并精心构建了"校本评价实施 PDCA 循环图",使其成为推动校本评价不断进步和完善的强大工具。

在计划(Plan)阶段,我们需要明确课程和评估的目标,并制订一个详尽、全方位且科学的教学和评估计划。根据课程的目标设定,我们需要精确地确定评估的标准和方法。例如,主要以提高学生的游戏技巧、掌握传统文化知识和增强团队合作能力为核心的评估标准,并结合观察法、测试法、作品分析法、问卷调查法以及学生的自我评估和相互评价等多种方式,确保评估的全面性和客观性。在此基础上,我们精心策划了教学内容和进度,合理且高效地分配了各种教学资源,这包括但不限于人力资源(如教师之间的专业分工和合作)、物资资源(如游戏设备的准备和配置)以及时间资源(如课程时间的合理分配),我们需要确保教学过程有序进行,从而为教学和评估的成功执行打下坚固的基石。

在执行(Do)阶段:严格按照预定的教学计划和评估方案,有条不紊地组织教学和评估活动。为了激发学生的学习热情和主动性,教师全心全意地投入教学,采用了多种教学策略和方法,包括情境教学法、项目式学习法和小组合作学习法等,以促使学生更加主动地参与传统的游戏实践活动。在教学活动中,我们应重视学生的个体差异,因材施教,以满足不同学生群体的学习需求。与此同时,我们严格遵循评价计划,对学生的学习进程和成果进行全方位、客观和公正的评估,并及时、准确地记录评价数据,这包括学生在课堂上的表现、完成作业的情况、考试成绩以及实践活动的成果等,为接下来的研究和优化提供了详细且可信赖的参考。

检查(Check)阶段:在课程执行的中间阶段,进行对学生学习成果的全方位评估。我们采用了课堂测试、作业审查、团队项目评估和学生学习记录分析等多种方法,广泛地收集了学生的学习数据。然后,我们将这些数据与预先设定的评价标准进行了深入的比较分析,并利用数据分析的工具和技巧,准确地评估了教学和评价目标的实现状况。例如,通过比较学生在课程实施前后的游戏技能测试成绩,可以分析成绩的变化趋势,从而了解学生在技能提升方面的进步和存在的问题;研究学生对于传统文化知识的掌握水平如何变化,以及他们是否对传统文化有更深层次的理解,能否成功地将传统的文化智慧与我们的日常生活相融合;通过观察学生在团队合作方面的能力提升,我们可以评估他们在团队合作中的沟通技巧、协调能力和领导才能是否得到了充分的锻炼。

在处理(Act)的阶段:基于检查的反馈,我们对过去的经验和教训进行了深入的总结,并实施了实际且高效的改进策略。对于那些教学成果显著的部分,我们需要进一步汇总和总结成功的经验,从而构建一个可以广泛推广的教学策略和手段,并持续地维护和完善它们,确保它们能够发挥出更大的潜能;对于那些存在的问题,我们需要进行深入和细致的原因分析,并从教学手段、课程内容、评估标准以及学生的个体差异等多个维度进行详尽的探讨。如果教师发现学生在某些传统游戏技能的掌握上遇到困难,他们可以考虑调整教学策略,采纳更为直观、形象和多元化的教学方法,例如,利用多媒体资源进行示范、实施一对一的辅导、组织小组互助学习等,以增加学生的练习时间,为学生提供更加个性化的指导建议;如果评价指标的设定存在不合理之处,应立即进行修订,以确保评价体系能够准确和真实地反映学生的学习状况,从而使评价结果更加可靠和具有参考价值。借助 PDCA 的循环机制,我们持续地推进学校评估的改进和完善,确保它更有效地服务于教育和学生的成长,从而形成一个持续上升的螺旋发展模式。

11.2　校本评价工具的开发流程

11.2.1　需求分析

在校本评价工具的开发过程中,需求分析被视为最关键和首要的一步,它就像建筑高楼的基础,直接影响评价工具的质量和适用范围。学校热心地组织了教师、教育领域的专家、学生和家长代表参与的座谈活动,为他们提供了一个广大的交流、深度讨论和思想碰撞的场所。基于教师的日常教学经验,结合他们深厚的教育背景和对学生学习状况的深入洞察,他们提出了对学生学习流程和成果评估的明确要求。举例来说,教师期望评估工具能够准确地衡量学生在跨学科知识整合和应用方面的能力,并了解学生在面对复杂问题时,是否能够灵活地运用来自不同学科的知识和方法,寻求高效的应对策略;是否可以将数学的逻辑思考、科学的实验技巧以及语文的表达技巧融合,应用于传统游戏中的创新玩法或团队策略的制定。教育领域的专家因其丰富的专业知识、敏感的教育洞见和对教育评价前沿理论及实践的深度研究,能够从专业的角度深度分析当前教育评价的发展方向和核心要求,为需求分析提供坚实的理论支持。他们有能力从宏观的教育观念、中观的课程目标到微观的学生个体发展需求等多个方面,深入剖析评价工具应该具备的功能和特性,为评价工具的开发提供明确的方向。代表学生的人士分享了他们在学习旅程中的真实体验和疑惑。

11.2.2　试点

在完成了需求的分析和初步的设计之后,我们选择了一些班级或学生作为试验对象。在选择试点对象时,我们充分考虑了不同年级、不同学习水平、不同兴趣爱好和不同家庭背景的学生,以确保评价工具的适用性和有效性能够得到全面和充分的验证。在试验阶段,有专门的人员对学生的反馈和表现进行了详尽的记录,并全方位地收集了教师与学生对评估工具的看法和反馈。教师需要仔细观察学生在使用评价工具时的参与度,以判断评价工具是否能够激发学生的积极性和主动性,例如,学生是否愿意主动参与评价活动,是否愿意分享自己的想法和成果;重视学生的认知水平,探究学生在理解评价指标和评价方法时是否遇到难题,以及他们是否能够精确地掌握评价的标准和要求;此外,我们还需要评估评价工具在教学中的积极影响,确定它是否能为教学过程提供有益的反馈和方向,例如,它是否能协助教师识别教学过程中的问题,以及是否可以指导教师调整他们的教学策略和方法。学生的反馈评估工具是否容易被理解,是否与他们的实际学习状况相匹配,以及在评估过程中所遭遇的挑战。例如,学生可能觉得评价标准太过抽象,难以领会,这可能导致他们在进行自我评价和相互评价时难以精确掌握其准则;评估方法过于复杂和耗时,这大大降低了学习的效率;评估的内容与实际的学习材料存在差异。

11.2.3　迭代

依据在试点阶段收集到的各种反馈,我们对评价工具进行了全方位、深度和系统性的更新和迭代。为了使评价指标更具科学性、合理性和明确性,我们对其进行了优化,使其更易于学生的理解和教师的实际操作。可以将原先模糊的评价标准细化为具体的行为表现和可量化的标准,例如,将"团队合作能力强"细化为"在团队讨论中积极发言,提出有价值的建议,参与团队任务的完成率超过80%,能够有效地协调团队成员之间的矛盾和分歧,在团队合作中能够发挥积极的引导作用或协助团队成员完成任务"。与此同时,我们需要优化评估手段,以增强评估的精确度和高效性。比如,结合线上和线下的评估方法,通过采用尖端的信息技术工具,如学习管理系统和在线评估平台,我们能够迅速地收集和分析评估数据,从而降低教师的工作压力;通过采纳大数据分析的方法,我们对学生的学习资料进行了深入的研究和解析,从而为教育者提供了更为精确的教育建议和学生成长的报告。除此之外,我们也在不断地丰富评价工具的内容和形式,以增加其趣味性和吸引力,从而更好地激发学生的参与热情。例如,在评价工具里融入了一些有趣的小游戏、互动环节和情景模拟等元素,这样可以让学生在一个轻松愉快的环境中完成他们的评价;我们设计了一份个性化的评估报告,通过图表、漫画等多种方式展示学生的学习进展和成果,以提高评估的视觉效果和阅读吸引力。

11.2.4　校本评价工具认证标准

为了确保校本评价工具的科学性和有效性,我们制定了一套严格、规范和全面的"校本评价工具认证标准"。从信度的角度看,评估工具的信度必须超过0.8,通过反复的测量和数据分析,我们可以确保评估结果的稳定性和信赖度。例如,通过使用重测信度法,在不同的时间段对一组学生使用相同的评估工具进行测试,并计算两次测试结果的相关性,如果相关性达到0.8或更高,那么这表明评估工具具有较高的信度;通过使用分半信度法,我们将评价工具的问题划分为两个部分,并对这两部分的得分相关性进行了计算,以此来验证评价工具的内在一致性。我们需要从内容效度、结构效度等多个维度进行验证。为了确保评价内容与教学目标和学生的实际需求紧密相连,我们组织了教育领域的专家和一线教师进行评估。这种评估全面覆盖了教学过程中的核心知识和关键技能,例如,评估工具中的问题是否能准确评估学生对传统游戏、传统文化和团队合作的掌握水平;结构效度的评估是基于因子分析和其他专业统计手段来进行的,目的是确认评价工具是否能够精确地量化预期的心理结构或能力维度。例如,通过因子分析,我们可以确定评价工具是否能有效地区分学生在创新思维、实践操作和沟通协作等方面的能力。只有当评价工具经过严格的信度和效度测试后,它才能被正式采用,以确保它能够真实地展现学生的学习状况。

11.3　校本评价与区域教育政策的衔接机制

11.3.1　学校特色评价案例集

我们为您提供了一本《学校特色评价案例集》,书中详尽地列出了10所实验学校的评价策略,从多个角度和深度展示了各学校在校内评价上的创新做法和成功实践。这些建议的案例覆盖了各种不同的学校类型和层次,它们都具有很高的代表性和参考意义。

针对以科技教育为核心特点的学校,我们已经制订了一个名为"科技创新项目评价方案"的计划。在制定评价标准时,我们高度重视学生的创新思维、实际操作能力以及项目的实际成果。在创新思维的测试中,我们关注学生提出问题和假设的独特和创新能力,看他们是否能从一个与众不同的角度去识别问题,并给出创新的答案;我们是否可以打破传统的思维模式,采用如发散思维和逆向思维这样的创新方法,来研究科技领域中的新挑战和新策略。例如,在"智能环保监测系统"项目中,如果学生能够提出一个独特的方案,即利用人工智能的图像识别技术来实时监测空气质量,并结合大数据进行污染趋势的分析和预测,那么他们就有可能获得高度的创新思维评价。实践能力是通过观察学生在项目执行阶段的实际操作技巧、实验设计能力和解决实际问题的能力来进行评估的。本测试旨在评估学生是否能够熟练地操作各种实验设备和工具,是否能够合理地规划实验步骤以验证实验假设,以及在遇到技术问题时,是否能够运用所掌握的知识和技能,通过查阅相关资料和团队讨论等多种方式来寻找解决方案。对于项目的成果,我们从其科学性、实际应用价值、创新精神以及在社会上的影响等多个维度进行了深入评估。项目的科学性要求它必须建立在科学的基础上,并确保实验数据的准确性和可靠性;在实际生活中,项目的实用性决定了它是否能够解决实际遇到的难题,

那些以艺术教育为核心特色的学校:已经制订了一个名为"艺术素养评价方案"的计划。我们从艺术的知识和技巧、审美能力以及艺术的展现和创作等方面进行了深入的评估。艺术知识与技能测试旨在评估学生在音乐、美术等艺术领域的基础知识掌握程度,包括音乐中的乐理知识,如音符、节拍、和弦,以及乐器的演奏技巧,如钢琴的指法、小提琴的弓法;在美术领域,绘画的技巧包括素描中明暗的对比以及色彩的组合和应用等方面。艺术审美能力是通过让学生欣赏艺术作品,分析他们的审美感受和理解能力来评价的。比如,当学生欣赏一副印象派风格的画作时,他们是否能够精确地描绘出作品中的色彩搭配和笔触风格,我们是否能够深入理解画家通过其作品所传递的情感与思维,以及他们如何准确地把握和评估作品的艺术风格。在艺术的呈现和创作中,我们高度重视学生在艺术演出和作品中的展现,包括他们在表演中的感染力,如在舞蹈中的肢体语言表达和情感的深度投入;在艺术创作中,创意与表达能力的展现,如在画作里独有的布局、创新的主题呈现和独特风格的展现。

这批案例为其他教育机构提供了宝贵的参照和启示,各个学校可以根据自己的独特特点和实际状况,对案例里的评估方法进行深度探讨、合适的调整和创新性的优化。举例来说,一所重视传统文化继承的学校,在参照艺术素养评价方案时,

可以将传统艺术形式如剪纸、刺绣、戏曲等纳入评价内容,以测试学生对传统艺术知识和技能的掌握,以及他们在传承和创新传统艺术方面的表现。

11.3.2　与区域教育政策的衔接

学校积极地与区域教育部门建立了紧密的沟通和协作机制,深入研究了区域教育政策的导向和要求,将校本评价与区域教育政策紧密结合,实现了协同发展。在制定评价目标时,要确保学校的评价目标与地区教育的发展目标高度吻合。例如,如果地区教育政策强调培养学生的创新和实践能力,以满足未来社会对创新型人才的需求,那么学校应该在校内评价中增加对学生创新项目和实践活动的评价权重,设立专门的创新实践奖项,鼓励学生积极参与科技创新、社会实践等活动。通过组织各种科技比赛和社会实践研究活动,我们鼓励学生将他们所学的知识应用到实际生活中,从而提高他们的整体素养。在进行评价时,我们参考了区域教育部门发布的课程标准和教学指导意见,以确保校本评价内容能够全面覆盖区域要求的核心知识和技能。例如,区域性的课程标准对学生在语文阅读和数学计算方面有明确的要求。因此,学校会在校内评价中将这些方面纳入评价体系,并通过课堂表现、作业完成情况和阶段性测试等多种方式进行综合考核。与此同时,学校也会及时地将在实施校本评价过程中遇到的经验和问题反馈给区域教育部门,如发现学生在某些知识和技能掌握方面普遍存在困难,或者某种评价方法在实际操作中效果不佳。这些建议和反馈为地区教育政策的进一步完善提供了宝贵的实践经验和建议。

第十二章

跨学科学习评价的伦理问题

在当前教育领域持续创新的背景下,跨学科的学习评估作为促进学生全面发展的核心环节,正在逐渐得到更多的关注和重视。但是,随着评估工作的不断深化和信息技术在教育评价领域的普及,一系列的伦理问题开始逐步显现。这类伦理议题不只是涉及学生的权利和评估的公平性,它们还对教育生态系统的健全和长远发展产生深远的影响。在本章中,我们将从数据隐私、评价信息的安全性、评价的公平性保障策略,以及如何平衡学生的心理健康和评价压力这三个核心议题出发,深入研究跨学科学习评价中可能出现的伦理问题和相应的解决策略。

12.1 数据隐私与评价信息安全

在这个数字化的时代,学生的学习数据得到了广泛的收集和应用,学业画像作为对学生学习状况的综合展示,可以为教育工作者提供非常有价值的参考,从而推动个性化教学的实施。然而,在构建和使用学业画像的过程中,不可避免地会出现多种伦理风险,尤其是在数据隐私和评价信息安全方面的问题更为显著。

12.1.1 学业画像中的伦理风险剖析

学业画像一般融合了学生在学习旅程中收集的各种信息,包括他们在课堂上的表现、考试的分数、完成作业的情况以及在线学习的行为模式等。这一系列的数据可以相当完整地展现学生的学习习惯、长处和短板。然而,当这批数据被不恰当地搜集、保存或应用时,可能会触发一连串的道德问题。

在进行数据采集的过程中,如果没有向学生和他们的家长详细解释数据收集的目标、方法和目的,那么他们的知情权可能会受到侵犯。例如,有些教育机构或平台在学生使用在线学习工具时,会在用户协议中含蓄地提到数据收集条款,这可能导致学生和家长在不充分理解的情况下默认同意,从而导致个人数据被随意收集。另外,数据过度收集也是一个普遍存在的问题。有些机构可能会搜集与学生学习没有直接联系的信息,如学生的家庭消费行为、社交媒体信息,这不仅增加了数据管理的复杂性,还侵犯了学生的个人隐私。

在数据存储领域,如果存储系统出现安全问题,学生的信息可能会面临被泄露的危险。数据泄露事件可能由黑客攻击或内部员工的不规范操作引发。如果学生的敏感信息,如身份证号码、家庭地址、学业成绩等被泄露,可能会给学生和他们的家庭带来严重的负面影响,如个人信息被滥用、遭受诈骗。另外,如果数据的存储期限设置得不合适,长时间储存那些已经不再必要的信息,也会提高数据泄漏的可能性。

在数据的使用过程中,如果数据被用于非教育目的,例如,被销售给商业机构用于精准营销,或者被用于对学生进行不公正的筛选和评价,那么就违反了数据收集的初衷,损害了学生的利益。例如,有些公司可能会基于学生的学术画像数据,为学生提供与其实际需求不符的培训内容或产品,这可能会影响学生及其家长的决策过程。

12.1.2 学生数据全生命周期管理流程图

为了确保学生数据的全方位安全性,建立一个科学且合理的学生数据全生命周期管理流程显得尤为关键。下面是一份详尽的学生数据全生命周期管理流程图以及各个环节的操作指南。

在数据的搜集过程中:

需要明确指出:在进行学生数据的收集之前,学校、教育机构或相关平台必须使用清楚、易于理解的文字,通过书面通知、在线公告等多种途径,向学生和家长详细解释数据收集的目的、方法、范围和用途。例如,采用易于理解的文字来阐述和收集课堂表现的数据,目的是更深入地了解学生的学习模式,从而为教师提供更具针对性的建议;为了评定学生的学术进展和知识掌握水平,我们收集了他们的考试分数。

获得书面许可：基于已有的通知，进一步获得学生及其家长的书面认可。同意书应当清晰地列明数据收集过程中的所有关键信息，并专门设置签名或确认的步骤。对未满18岁的学生，必须由其合法监护人进行签名确认。此外，我们还为学生和家长提供了一个方便的途径来查询和撤销他们的同意。

按照最小必要原则进行数据收集：我们严格按照这一原则行事，只搜集与学生的学习评估、教学方法的优化等教育目标紧密相关的信息。避免搜集与教育不相关的个人隐私信息，如学生家庭成员的医疗资料、宗教信仰。

在数据的储存过程中：

关于加密技术的应用：我们使用了尖端的加密技术来对学生的数据进行加密操作。无论数据是存储在本地服务器还是云端，都要确保其在存储时的安全无虞。作为一个例子，我们采用SSL/TLS加密协议来加密数据传输，确保数据在传输时不被非法窃取；数据库中的数据经过字段级的加密处理后，即便数据库遭到攻击，黑客依然很难获得原始的明文信息。

关于访问权限的管理：我们设定了严格的访问限制，仅授权的人员才被允许访问学生的数据。根据各种人员的工作职责和需求，我们为他们设定了不同的访问等级。举例来说，教师仅有权限访问他们所教授的班级中学生的学习相关数据，而管理人员则可以访问特定范围内的统计信息，但是他们不能随便查阅每一个学生的详细隐私资料。与此同时，我们会定期检查和更新访问权限，以确保权限的分配是合理的。

关于定期备份和灾难恢复：我们会定期备份学生的数据，并制定一个全面的灾难恢复策略。为了避免因自然灾害或硬件故障等因素导致的数据丢失，备份数据被储存在各个地理位置的服务器上。周期性地进行数据恢复的模拟训练，以确保在数据遗失或损坏的情况下，能够迅速地恢复数据，从而确保教学和评估工作能够正常进行。

在数据的应用过程中：

在使用学生数据时，我们也应遵循最小必要原则，只选择与当前的教育目标或评估意图直接相关的数据。例如，在分析教学质量时，我们只考虑学生的考试成绩和作业完成情况等数据，而避免使用与分析不相关的其他数据。

关于授权访问和使用的记录：数据的访问和使用都受到了严格的授权管理，只有获得授权的人员才被允许在指定的权限内访问和使用数据。同时，要对数据的使用情况进行详尽的记录,这包括使用人员、使用时间、使用目的和使用内容等,以便于将来进行审计和追溯。举例来说,当教师利用学生的学习资料进行教学研究时,他们需要提前向学校的相关机构提交申请,并在实际应用中严格按照要求记录相关数据。

关于数据的匿名化和脱敏处理:在条件允许的前提下,对学生的数据实施匿名化和脱敏操作。例如,在开展教育研究或数据分析的过程中,我们会移除学生的个人标识,如姓名和身份证号码,只保留与学习有关的关键数据。对于那些敏感的信息,如学生的独特学习需求,我们进行了脱敏处理,以确保在数据使用时不会暴露学生的个人隐私。

在数据的销毁过程中:

关于数据销毁时间的规定:基于数据的特性和其使用的目标,明确地设定了数据销毁的具体时间。当数据失去其使用价值或超出规定的保存时间时,应立即销毁。举例来说,学生在毕业后的一段时间内,他们在学校的一些非核心学习资料可以根据既定规则被销毁。

关于彻底删除数据:通过安全和可靠的数据销毁手段,确保所有数据都被完全删除,并且不能被重新获取。对于存放在硬盘或其他存储设备上的信息,我们可以选择多次的覆盖写入或物理销毁等策略;根据云服务供应商的要求,对云端的数据进行了全面的删除操作。与此同时,我们对数据销毁的整个过程进行了详细记录,以便于未来的查询和审查工作。

通过遵循学生数据全生命周期管理的流程图和各个环节的严格操作规范,我们能够显著减少学业画像中可能存在的伦理风险,从而全面保障学生数据的隐私安全。

12.2　评价公平性的保障策略

评价的公平性构成了跨学科学习评价的核心基础,它不仅直接影响评价结果的可靠性和有效性,还涉及学生的教育权益。在进行跨学科的学习评估时,文化的敏锐度和资源的平衡都是决定评估公正性的核心要素。

12.2.1　文化敏感性对评价公平性的影响

来自不同文化背景的学生在学习方法、思考方式、价值观念和语言使用习惯上都有所不同。如果评估的内容和方法没有充分考虑到文化差异，那么可能会导致评估结果出现偏差，无法真实反映学生的学习成果和能力水平，从而影响评估的公正性。

例如，在设定评价任务的场景时，如果使用的是某一特定文化群体所熟知的场景，而其他文化背景的学生对该场景比较陌生，那么这些学生在理解任务和解决问题时可能会处于劣势。以一个体育赛事组织的评估任务为例，对于那些从小就对篮球文化有所了解和接触的学生而言，理解并完成这项任务可能会比较简单；然而，对于那些不太重视篮球文化背景的学生来说，他们可能因为对篮球比赛的规则和组织流程不够熟悉，从而难以准确完成任务。即便他们在其他方面有相应的能力，也可能在评价时不能得到公正的评价。

在制定评价标准时，如果过于简化，仅仅关注某一特定文化背景下的能力和表现，那么可能会忽视其他文化背景的学生所具有的独特优势和才能。例如，有些评价准则过分强调逻辑推理和语言表达的流畅性，对于那些重视形象思维和实践能力的文化背景学生来说，可能不能在这样的评价标准下充分展示自己的能力，从而导致评价结果不公正。

12.2.2　文化敏感性评价审查清单

为了消除评价过程中可能出现的文化偏见，我们构建了一个"文化敏感性评价审查清单"，并从八个不同的维度对评价内容进行了全方位的审查。

从文化背景的角度来看：

需要评估任务环境是否反映了多元文化的特点，以及是否包含了在不同文化背景下的普遍情境和挑战。例如，在制定与科学实验相关的评估任务时，选择实验主题和材料时，应充分考虑到不同文化背景地区的具体情况，而不是仅仅基于某一特定地区常见的实验材料和现象。

在不同的文化背景中，我们是否对知识和经验持有相同的尊重与认同。例如，在进行与历史文化有关的评估时，我们不能仅仅关注某一主流文化的历史事件和成就，而应该融入多元文化的历史元素，这样可以让来自不同文化背景的学生在评估过程中找到与自己文化相关的因素。

从价值观的角度来看：

为了确保评价标准与多元文化价值观的一致性，我们应避免强行将某一特定文化的价值观应用于所有学生身上。例如,在对学生的团队合作能力进行评估时,我们应该考虑到不同文化背景下对团队合作的不同解读。某些文化更倾向于强调个人在团队中的显著表现,而另一些文化则更看重团队之间的和谐和整体的共同利益。

评估的内容是否可能导致不同的文化观念之间的碰撞。例如,在处理与道德判断相关的评估任务时,我们应该避免触及不同文化背景下的道德敏感性,以确保评估过程的公正和客观。

从语言习惯的角度来看:

在评估语言时,应确保其简明扼要,并避免采用过于复杂或带有特定文化意味的词语和表达手法。例如,应避免使用仅为某一文化群体所熟知的成语、俗语或在特定文化背景下的专业术语,以确保所有学生能够准确地理解评价任务和要求。

考虑到不同文化背景的学生在语言技能上的差异,是否为非母语的学生提供了恰当的语言辅导和调整。举例来说,当英语被用作评估语言时,对于那些英语并非母语的学生,我们可以考虑降低他们的语言难度,或者提供更多的语言解释和说明,这样可以确保评估的焦点更多地放在学生的知识和技能上,而不是他们的语言能力上。

从学习方法的角度来看:

评估方法是否与具有不同文化背景的学生的学习习惯相匹配。举例来说,某些具有文化背景的学生更倾向于通过集体讨论和合作式学习来吸收知识,而另一些学生则更有可能进行独立的思考和自我驱动的学习。为了满足不同学习模式下学生的多样化需求,评价过程应当提供多种不同的评价手段,包括但不限于小组项目评价和个人作品评价。

是否应该为具有不同学习模式的学生提供平等的展示机会。例如,在对学生的学习成果进行评估时,我们不应仅仅局限于课堂上的口头报告,而应更多地考虑采用书面报告、实际操作展示等多样化的方式,确保各种学习方法的学生都能有效地展示他们的成果。

从家庭背景的角度来看:

在评估任务时,需要考虑其是否受到特定家庭背景和资源的影响,以防止对经济困难或文化资源不足的学生产生负面效果。例如,在进行评价任务时,我们不应该强迫学生使用昂贵的实验工具或参观某些特定的文化设施,而是应该提供一些可以替代的、成本较低的资源和方法,以确保每个学生都有机会参与到评价过程中来。

　　你有没有思考过家庭的文化背景对学生学业的作用。比如说,某些家庭更倾向于学术研究,而另一些家庭则更看重实际技能的培训。在进行评价时,应全面考虑学生在各种家庭文化环境中所掌握的知识和技巧,以防止由于家庭背景的不同而导致评价出现偏见。

　　从宗教信仰的角度来看:

　　评估的内容是否与特定的宗教信仰产生冲突,并确保在评估过程中避免触及可能导致宗教纠纷的议题和细节。例如,在进行与设计艺术创作相关的评估任务时,选择主题时应确保不违反特定宗教的教条和禁令,以确保所有学生都能自由地参与到创作和评估中来。

　　我们是否真正尊重了具有不同宗教信仰的学生的独特需求和生活习惯。比如,在安排考试的时间时,我们应该确保不与主要的宗教节日产生冲突;在对学生行为表现进行评估时,应当充分考虑到宗教信仰对学生行为规范产生的影响,以防止因缺乏了解而导致的误解和不公正的评价。

　　从地域差异的角度来看:

　　在评估任务时,是否已经充分考虑了各个地区的经济增长和教育资源的差异性。例如,在对学生的信息技术应用能力进行评估时,我们不能仅仅以发达地区的信息技术教育程度作为评判标准,而应该根据各个地区的具体情况来制定合适的评价准则和要求。

　　是否对各个地区的独特知识和能力给予了足够的重视和认同。例如,在与地理有关的评估过程中,除了测试通用地理知识之外,还应考虑到不同地区的独特地理现象和文化背景,以便让来自不同地理区域的学生能在评估中展示他们对自己家乡的了解和认识。

　　从独特的群体维度角度来看:

　　在评估时,是否充分考虑了某些特定学生群体的独特需求,如残障学生和学习有困难的学生。对于有视力问题的学生,评估任务的展示方法应当进行必要的调整,如提供语音版本的任务描述和相关材料;针对学习有困难的学生,我们应该提供更多的指导和援助,或者调整评估准则,确保他们在评估过程中得到公平的对待。

是否为特定的学生群体提供了平等的参与机会和适当的便利条件。例如,在进行实践活动的评估时,我们应该为残障学生提供所需的辅助工具和设备,确保他们可以积极参与,并根据他们的真实表现进行相应的评价。

通过实施上述的文化敏感性评价审查清单,我们可以在评价的设计和执行阶段对评价内容进行全方位的审查和调整,从而有效地消除文化偏见并确保评价的公平性。

12.2.3 资源均衡对评价公平性的影响

教育资源分布的不均匀性也是影响评估公平性的一个关键因素。在进行跨学科的学习评估时,如果教育资源在不同的地域、学校或学生之间存在差异,那么基于这些资源的评估可能会显得不太公正。

例如,在经济较为发达的地区,学校可能配备了尖端的实验室设备、丰富的图书资源和专业的教育团队,这使得学生在跨学科的学习旅程中有更多的学习资源和实践的机会。在经济较为落后的地区,学校可能面临教学设备陈旧、图书资源不足的问题,同时教师的职业成长也可能受到制约,这可能导致学生在跨学科的学习和评估过程中处于不利地位。同理,在同一所学校里,不同的班级或学生个体可能会获得不同的教育资源,例如,重点班级可能会获得更多的教学资源和教师的关注,这也会影响评估的公正性。

为了解决资源分配不均的问题,政府和教育相关部门应当增加对教育资源不足地区和教育机构的资金支持,优化教学设备,强化教师的专业培训,以减小不同区域和学校间的资源不平衡。与此同时,学校内部也需要对教育资源进行合理的配置,以确保每一名学生都能平等地获得学习的机会和必要的资源支持。在进行评价的时候,我们应当深入思考学生所掌握的资源状况,以防止由于资源的不同导致评价结果出现不公正的情况。例如,在对学生的科学实验能力进行评估时,对于那些缺少实验设备的学校和学生,可以考虑使用虚拟实验、实验方案设计等替代方法来进行评估,以确保评估的公正性。

12.3 学生心理健康与评价压力的平衡

跨学科的学习评估在推动学生的学术进步和个人成长的过程中,也可能导致学生感受到一定程度的评价上的压力。过分的评价压力有可能给学生的心理健康带来不良影响,例如产生焦虑、抑郁和自卑等情绪。因此,在跨学科的学习评估中,如何在学生的心理健康与评估压力之间找到平衡,已经成了一个不能被忽略的伦理议题。

12.3.1　评价压力对学生心理健康的影响

评估中的压力主要来自对评估成果的担心和对个人能力的不确定性。在进行跨学科的学习评估时,学生需要面对多个学科知识的综合测试,评估的标准和方法也比较复杂,这使得学生更容易感到紧张和焦虑。

当学生过分专注于评价的结果,他们可能会产生一连串的负面情绪。例如,人们担忧如果成绩不达标,可能会遭到家长和教师的指责,同时也害怕在同学们面前表现不佳而产生自卑情绪。当学生长时间面临这样的压力时,他们可能会感受到学习的积极性减弱,并对学习产生害怕和反感的情感。在极端情况下,这还可能导致心理问题,从而对学生的身体和心理健康,以及他们的全面成长造成不良影响。

另外,评估压力也有可能使学生在学习行为上产生偏见。为了得到良好的评估,部分学生可能会选择机械记忆、抄袭和作弊等不正当的学习方式,从而忽略了对知识的深入理解和技能的进一步提高。这样的做法不只是与教育的原始目的相悖,同时也对学生的未来成长产生不良影响。

12.3.2　评价减压工作坊设计方案

为了协助学生减轻评价过程中的压力,我们推出了"评价减压工作坊设计方案"。通过一系列有针对性的活动,我们旨在引导学生以正确的态度看待评价,从而减轻他们的评价压力,并有助于维护他们的心理健康。

工作坊的目标设定:

我们的目标是帮助学生了解评估压力的起源及其带来的影响,并增强他们对自己的情绪和压力的理解能力。

向学生传授高效的减压策略和方法,如正念实践、情绪管理技巧,帮助他们减轻评估时的压力。

为了培育学生的持续成长思维,我们应该引导他们把评估看作一个学习和成长的契机,而不仅仅是对自己能力的评价,从而增加他们的学习积极性和自信。

工作坊的主题和操作流程:

开始时的简介(15分钟):

　　工作坊的主持人简洁地阐述了本次工作坊的目标、操作流程和既定规则,旨在创造一个轻松且安全的环境,使学生能够放松心情并积极参与其中。

　　鼓励学生做一个简洁的自我介绍,以促进他们之间的相互理解和交流。

　　在 30 分钟内进行压力的认知和分享:

　　利用讲解和案例分析等多种方法,协助学生认识到评价压力的主要来源,例如,对学生成绩的预期、家长与教师之间的压力,以及同学间的竞争。

　　组织学生进行分组讨论,分享他们在面对评价时的压力感受和表现,使学生意识到评价压力是普遍存在的,从而减轻学生的孤独感和焦虑感。

　　进行正念的练习,时长为 45 分钟:

　　在专业的正念导师的指导下,学生接受了正念的培训,包括身体的扫描、呼吸的冥想以及正念的进食练习等。指导学生集中精力于当前的感受,将他们的焦点放在身体的每一个部分,体验呼吸的节奏,缓缓咀嚼食物,深入感受每一个瞬间的感受。在这一学习旅程中,我们致力于帮助学生更好地感知自己的思考和情感,当有分心的念头时,我们不进行评判,而是轻轻地将焦点集中在当下的情感上。通过正念的培训,学生可以学习如何放松自己的身心,减轻紧张和焦虑的情绪,同时也能培养他们的专注力和内心的平静。在训练完毕之后,我们鼓励学生分享他们在正念练习中的体验和感悟,以进一步提高训练的成效。

　　这是一个 60 分钟的情绪管理技巧的讲解和实践环节:

　　深入探讨情绪的形成机制以及情绪管理的核心价值,使学生明白情绪是如何对他们的学业和日常生活产生影响的。然后,我们将探讨一些实际的情感管理方法,例如,如何表达情感、如何调整情绪以及如何转移情绪等技巧。在情感表达上,教育学生采用适当的言辞和方法来传达自己的情感,以防止抑制情绪导致情感的累积和爆发。例如,当学生感受到巨大的压力时,他们应该鼓励他们向家人、朋友或教师分享自己的困扰。关于情绪调控的技巧,这里介绍了深呼吸、逐步的肌肉放松以及积极的自我暗示等多种方法。举例来说,当学生体验到紧张和焦虑的情绪时,他们可以选择深呼吸,缓缓吸入空气,然后再缓慢地呼出,这样的动作可以重复几遍,逐步让你的身体和情感达到放松的状态;或者,你可以通过积极地暗示自己,告诉自己"我完全有能力面对这次的评价"或者"我已经做足了准备",以此来提高自己的自信。在情绪管理方面,指导学生在情绪低落的情况下,通过参与他们喜欢的活动,如听音乐、做运动、画画,将注意力从引发负面情绪的事情上转移开。

为了帮助学生更深入地掌握这些方法,我们设立了实践环节。通过模拟各种评估压力的场景,学生们被分组进行角色模拟,并在这些场景中应用他们所掌握的情感管理方法来面对压力。例如,在模拟考试前的紧张氛围中,让学生扮演真实的考生角色,利用情绪管理的方法来减轻紧张,接着进行小组讨论和总结,分享他们在模拟环境中的感受和体验,以及应用这些技巧后的效果。在旁边,导师进行了细致的观察与指导,为学生提供了及时的反馈与建议,助力他们更深入地掌握情感管理的方法。

培养成长型思维需要 60 分钟的时间:

采用讲解、案例分享和小组讨论等多种方式,向学生展示固定型思维与成长型思维之间的差异,以帮助他们认识到成长型思维对学习和生活的正面影响。持有固定型思维的人坚信能力是恒定的,而持有成长型思维的人则坚信,通过不懈的努力和持续的学习,能力能够得到持续的提高。我想与大家分享一些名人或身边的同学们如何通过不懈的努力来实现个人的成长和进步的实例。例如,科学家爱迪生曾多次失败,但他最终成功发明了电灯,这让学生认识到,失败和困境其实是成长的机会,而不是对个人能力的质疑。

组织学生参与小组讨论,让他们反思并分享在学习过程中遇到的困难和挫折,以及他们当时是如何应对的。我们应该引导学生从成长的视角重新审视他们的经历,并鼓励他们把遇到的困难看作是提高能力的挑战,而将失败看作学习和成长的机会。举例来说,当学生在一次跨学科的评估中表现不尽如人意时,我们应该指导他们识别并分析自己在某些方面的不足,并思考如何通过持续的努力来改善和提升自己,而不仅仅是专注于自己的成绩。通过这种方式的讨论和指导,我们可以帮助学生逐步建立起成长型的思维模式,改变他们对评价的传统观念,并将评价视为推动他们持续进步的关键因素。

60 分钟的时间管理与学习策略指南:

我们邀请了教育领域的专家或有丰富经验的教师来向学生阐述时间管理的核心价值和策略。指导学生如何设计合适的学习方案,把学习的任务细化为明确的小目标,并对时间进行合理的分配。比如,设定日常的学习日程,并为预习、复习、完成作业和参与课外活动预留充足的时间,这样可以防止学习任务的累积,从而避免产生过大的压力。此外,书中还介绍了若干时间管理的工具,如番茄工作法和四象限法则,旨在帮助学生提升他们的学习效果。番茄工作法是一种将学习时间分为 25 分钟的工作时间和 5 分钟的休息时间的方法,每完成 4 个番茄时段,就进行一次较长时间的休息,这样可以让学生保持专注,从而提高学习效率。四象限法的核心思想是根据任务的重要性和紧迫性将其划分为 4 个区域,这样可以帮助学生更优先地处理那些既重要又紧急的任务,合理地分配哪些任务是重要的,哪些是不紧急的,从而避免在紧急和不重要的任务中浪费宝贵的时间和精力。

在制定学习策略时,我们会根据各个学科和学习任务的独特性,为学生提供定制化的学习策略建议。例如,在语文的学习过程中,我们可以通过阅读经典文献、做好读书笔记、多写多练等方法来提升语文能力;在数学的学习过程中,我们指导学生如何构建错误的题目集、概括解决问题的策略和方法,并进行从一个例子推导到另一个例子的实践。我们鼓励学生依据自己独特的学习方式和特质,挑选最适合他们的学习方法,从而提升他们的学习成果。与此同时,我们鼓励学生分享他们的学习心得和方法,鼓励他们相互学习和参考,以达到共同进步的效果。

进行总结并给出反馈(30 分钟):

工作坊的主持人对工作坊的各项内容进行了全面总结,回顾了关键的知识和技巧,并强调了正确评估和减轻评估压力的重要性。我们鼓励学生在未来的学业和日常生活中,主动应用他们所掌握的各种方法和技能,同时保持一个积极的心态,以应对各种形式的评价压力。

指导学生完成反馈调查问卷,收集他们对这次研讨会的反馈和建议,从而更好地了解他们的学习体验和感受。基于学生的反馈意见,我们对工作坊的内容和形式进行了优化和完善,以更有效地满足学生的实际需求。此外,我们还为学生提供了进一步的帮助和支持,如创建一个在线交流平台,以便学生在工作坊结束后能够继续分享和交流他们的减压经验,或者为需要的学生提供个性化的辅导和咨询服务。

12.3.3 教育评价伦理守则

为了明确各方在评估过程中应承担的道德责任,并创造一个健康和公正的评估环境,我们制定了《教育评价伦理守则》(适用于教师、家长和学生)。

专为教师设计的版本:

在尊重和保护学生权益方面:教师应当高度重视学生之间的个性差异,并认识到每一名学生都具有自己独特的学习模式、兴趣和发展潜能,不应因其性别、种族、家庭背景或学业成绩等因素而对任何学生进行歧视或偏袒。在进行评估的时候，我们必须确保学生的数据隐私和个人信息得到严格的保护，对学生的评价资料进行适当的保管，并确保学生的成绩和评语等信息不被随意泄露。

为确保评价的公正性和客观性，教师应当根据清晰和合适的评价准则来进行评估，以减少主观偏见和个人情感对评价成果的不良影响。在对学生的学习成绩和表现进行评估时，我们应该全方位、多角度地考虑学生的学习旅程、付出的努力以及他们的进步程度，而不是仅仅基于他们的考试表现来评价。在跨学科的学习过程中，学生所展现出的创新思维、实际操作能力以及团队协作的精神，都应受到充分的认可和公正的评估。

为了更好地促进学生的成长和支持，教师需要密切关注学生的学习进程和他们的成长需求，并在适当的时候给予他们鼓励和指导。在对学生的表现进行评估之后，我们会为他们提供明确且富有建设性的意见，这有助于他们认识到自己的长处和短板，并为他们指明前进的方向。对于那些学习上遇到困难或评估结果不尽如人意的学生，我们应该提供更多的关心和支持，协助他们制订个性化的学习计划，提供必要的辅导和资源，鼓励他们持续进步。与此同时，我们积极地投身于评价的改革与创新中，寻找更符合学生成长需求的评价策略和手段，确保为学生带来更为科学和合适的评估。

维护专业修养和诚信：教育工作者需要持续地提高自己在教育和教学方面的能力以及评估技巧，同时也要积极地参与各种培训和学习活动，以便掌握最新的教育评价观念和手段。在进行评价的时候，我们必须坚守诚信原则，避免制造虚假信息，并确保不篡改学生的评价反馈。与此同时，我们需要指导学生确立正确的学习观念和评估方法，同时也要培育他们的诚信观念和学术伦理。

家长版本：

为了更好地理解和支持学校的评价工作，家长需要主动掌握学校的评价体系和评价方法，深入理解评价的目标和意义，并积极参与和支持学校的评价活动。我们应当尊重学校和教师的评估结果，避免盲目质疑或否定，与他们保持良好的沟通和合作，共同关心学生的成长和发展。

重视学生的身体和心理健康：家长需要密切关注学生的学业和日常生活，关心他们的心理状态，并避免对他们施加过多的压力。我们鼓励学生主动地参与到学习和评估的过程中，以此来培育他们的自信和独立学习的能力。当学生在评估过程中遭遇挑战或失败,我们应该为他们提供理解与支持,协助他们深入分析问题的根源,并激励他们勇敢地应对这些挑战,而不是盲目地指责和批评。

为了营造一个有利于学习的家庭氛围,家长需要为学生营造一个宁静、舒适的学习环境,并合理地规划学生的学习和休息时间。我们鼓励学生进行广泛的阅读,并积极地参与各种社会实践活动,以扩大他们的知识范围和视角。家长应当身体力行,为学生树立正面的学习典范,激发他们的学习热情和养成良好的学习态度。

家长应当积极地参与到学生的教育活动中,与教师保持紧密的沟通,以便及时掌握学生在学校里的学习状况和个人表现。参与家长大会、家长开放日等多种活动,与教育工作者一同讨论学生的教育难题,并为学生的全面发展提供必要的援助和支持。与此同时,我们也高度重视学生在跨学科教育中的成长,并鼓励他们积极地参与各种跨学科的学习活动,以此全面提升学生的综合素质。

专为学生设计的版本:

在评价过程中,学生应当严格遵循评价准则,保持诚信,并真实地展现自己的学术成就和技能。在进行评价的时候,必须确保不抄袭或作弊,并独立地完成所有的评价工作。我们应当尊重他人的知识产权,并在引述他人的看法和研究成果时明确标注来源。

对评价结果的正确理解:学生需要建立一个正确的评价观点,将评价看作学习和成长的机会,而不是对自己能力的最终评价。面对评价的结果,我们应该保持冷静,既不自满也不失落。针对评价报告中提到的各种问题和不足之处,我们需要积极地进行自我反思,致力于改进,并持续提升自己的学习技巧和全面素质。

尊重他人的评价和成果:学生应当尊重教师和同学的评价,认真听取他人的意见和建议,不应恶意诋毁或攻击他人。同时,我们应当尊重他人的学术成就,避免抄袭或窃取他人的创作。在团队的合作学习和评估过程中,我们积极地参与各种讨论和合作,最大限度地发挥自己的潜能,并尊重团队其他成员的观点和贡献。

掌握如何调整评价压力:学生需要学习如何合理地管理评价压力,并维持一个积极的心态。当你觉得评估压力太大时,你应该运用你所掌握的各种减压技巧和方法,例如,进行体育活动、聆听音乐或与朋友分享心声,以此来减轻压力并维持身体和心理的健康。积极地参与学校组织的心理健康教育活动和评估减压工作坊,以不断提升自己的心理适应能力。

　　通过执行"评价减压工作坊设计方案"并严格遵守《教育评价伦理守则》,我们能够有效地减轻学生在评价过程中的压力,关心他们的心理健康,并确保跨学科的学习评价在一个符合伦理标准的环境中进行,从而促进学生全方位成长。

第十三章

国际案例研究与经验借鉴

在全球教育深度融合和持续创新的大背景下,教育领域的国际交流变得越来越频繁。借鉴国际先进的跨学科学习评价模式,对于推动我国教育改革和提高教育质量具有极其重要的意义。由于各个国家拥有各自不同的教育观念、丰富的文化传统和独特的教育体系结构,因此形成了各具特色的跨学科学习评估体系。本章将深入探讨芬兰的现象式教学评价模式、美国的 STEAM 教育评价框架(以 NGSS 标准为代表)和新加坡的 21 世纪素养测评体系,全面分析它们的特点和优势,并结合我国的教育实际情况,深度研究可以从中获得的有价值的经验和实际可操作的适应性改进策略。

13.1 芬兰现象式教学评价模式分析

芬兰的教育体系在全球教育界一直保持着领先的地位,它的教育目标是培养学生的全面素质和独立学习的能力,在国际学生评估项目(PISA)和其他各种国际评估中多次取得了出色的成绩。芬兰的现象式教学评估方式,作为其教育结构的核心部分,借助其独到的教育哲学和创新手段,为学生的全面素质培养提供了稳固的后盾。现象式的教学方法大胆地超越了传统学科的界限,它以真实世界中的具体现象或复杂问题作为核心驱动力,引导学生通过跨学科的深度学习和探究,来寻找问题的解决方案,从而全面提升他们的能力。

13.1.1 芬兰现象式教学评价模式特点

芬兰的现象式教学评价方法始终坚持将学生放在教育的中心位置,高度重视学生的个体差异和整个学习过程。评估的核心目标不仅仅是提供一个简单的分数，更重要的是通过评估来推动学生的持续学习和全方位的成长。教师会细心地研究学生的性格、学习方式、兴趣爱好和知识掌握水平等，根据学生的个体差异，为他们提供非常有针对性的反馈和指导。这种独特的支持方式不仅能帮助学生明确地了解自己的长处，还能帮助他们准确地识别自己的短板，进而有效地激发他们内在的学习热情，鼓励他们积极地去探索新知识，并持续地挑战自己。

在芬兰的现象式教学模式中，过程性评价起了至关重要的领导作用。教师将始终关注学生在解决实际问题时的各个步骤，这包括学生的思维逻辑、分析问题的视角、选择的解决策略、与团队成员的合作互动情况，以及沟通时的清晰度和感染力等。以"城市交通拥堵问题"这一具体的学习项目为研究对象，从项目开始的那一刻起，当学生着手收集相关数据时，教师便会密切关注他们所选择的数据收集途径是否具有多样性和有效性；在问题分析的过程中，我们需要观察学生是否能够准确地识别问题的核心，并采用适当的分析技巧；当我们提出相应的解决策略时，对学生的创新思维和方案的实施可能性进行评估；在团队的讨论和报告阶段，我们高度重视学生的参与度、表达技巧以及他们的团队合作精神。通过这种全面和持续的观察与评估，教师可以深入、全方位地掌握学生在学习旅程中的发展路径和进步程度，并能够及时地提供激励、支持以及建设性的改进建议。

芬兰教育始终高度重视合作学习的评估，认为合作能力是学生未来在社会中立足和实现个人成长的关键素质之一。因此，在现象式的教学评价体系中，对学生合作学习能力的评价也被视为一个重点关注的方面。评估不只是关注小组最后展示的成果的质量，它还会深度探讨每位学生在小组协作中的参与度、他们对小组的贡献程度，以及他们所展现的团队合作精神。比如，在小组讨论的场合里，要观察学生是否能够积极主动地表达自己的看法，同时也能耐心地听取他人的意见；在任务的分配过程中，我们要观察学生是否能够基于自己的特长和长处，主动承担起对应的职责，并确保他们的责任得到妥善执行；当团队内部出现观点不一致的情况，我们应该重视学生如何有效地运用他们的沟通和协调技巧，以解决存在的矛盾并达到共同的理解。

13.1.2 中国适应性改造方案

在芬兰的教育背景下，由于班级的规模通常不大，这为学生提供了一个相对轻松的环境，在小组合作的学习中，他们可以更加深入地参与讨论、交流和实际操作。尽管如此,我国目前的教育环境中,班级的规模普遍偏大,这为小组合作学习的高效实施带来了不少困难。为了有效地解决这个问题,我们有可能以创新的方式实施分组分层的合作方案。首先,我们采用了科学的评估手段,全面考虑了学生的学习能力、兴趣爱好、性格特点以及以往的学习表现等多个方面,然后对学生进行了合理的层次划分,将他们分成了不同级别的小组。接下来,在每一个小组之中,根据学习任务的具体难度、复杂性和所需技能等因素,进行细致和合理的任务分配。举例来说,在一个多功能的科学实验项目里,对于那些具有较高动手能力和熟练操作技巧的学生,可以安排他们来负责实验的各个操作环节,以确保实验结果的准确性和规范性;具有活跃思维和创新能力的学生,可以被赋予提出实验假设、构建实验方案以及分析实验成果的责任;对于那些表达能力出众且擅长总结和归纳的学生,他们可以承担起编写详尽实验报告的任务,并在项目报告中展现出清楚和流畅的表现。通过这种精确的团队划分和合理的任务分配,可以明显地增强团队合作的效果和品质,

评估的焦点需要调整:我国已经建立了一套清晰、有系统且融入了中国特色的课程标准,这为我国的教育和教学提供了关键的参考和方向。当我们参考芬兰的现象式教学评估方法时,有必要与我国的课程标准紧密结合,并对评估的焦点进行有针对性的调整。在高度关注学生实际问题解决能力的培养和评估的基础上,更进一步强调了基础知识和核心素养之间的深度整合和考核。以语文的现象式教学方法为背景,当评估学生完成与语文有关的某一项目时,除了对学生在项目中的语言表达、团队合作和创新思维等核心能力进行全面评价外,还需要对学生对语文基本知识的掌握水平进行严格的考核,例如,正确使用字词、严格遵守语法规则以及积累和应用文学常识等方面。采用这种将基本知识和核心能力紧密结合的评估方法,不仅可以确保学生在参与跨学科学习项目时能够持续提高他们的综合技能,还能确保他们深入地掌握学科的基本知识,为他们未来的学术追求和成长打下坚实的基础。

13.1.3 芬兰现象教学评价课堂实录片段分析

接下来是一段以"环境保护"为主题的芬兰现象教学评价的实录片片段:

教师在课堂上提出了一个引人深思的问题:"我们所居住的城市正在面对越来越严重的垃圾处理问题,大家应该思考如何能够有效地解决这个问题。"学生们

迅速地将自己划分为多个小组,围绕这个议题进行了激烈的交流和深入的探讨。

在小组讨论的初始阶段,教师在各个小组之间穿梭,仔细观察学生的表现。教师注意到小组 A 的学生们表现出极高的热情,他们积极主动地发表意见,提出了各种不同的垃圾处理方案,从创新的垃圾分类方法到探索垃圾回收利用的新技术,他们的思维非常活跃。但是,在讨论的过程中,部分学生的发言时间过长,这导致了其他学生的参与度不高,从而限制了他们的发言机会。教师敏感地察觉到了这个问题,并在适当的时机以温和的态度介入,教导学生如何倾听他人的意见,尊重每个人的发言权,并合理地分配他们的发言时间,以确保小组讨论的公正性和全面性。

在小组 B 的讨论环节中,一名学生突然产生了一个创新的想法,即设计一种全新的垃圾分类系统,这一新颖的构想立即吸引了教师的注意。教师在现场对该学生的创新思维表示了高度的认可,并进一步指导学生深入思考如何逐步将这个想法转化为实际可行的方案,鼓励学生从材料选择、结构设计、操作便利性等多个方面进行全面的考虑。

在项目的执行过程中,学生们开始有序地搜集相关的信息,精心策划解决策略,并热衷于进行实际操作和探索。教师注意到,小组 C 的学生在设计垃圾分类宣传海报时,在色彩搭配和排版布局方面存在一些显著的问题,这导致海报的视觉效果不佳,信息传递不够清晰。为了帮助学生提高海报设计的品质,教师及时提供了关于美学和设计原则的专业指导,如色彩的平衡与对比、元素的布局与均衡,这有助于他们更准确地传达垃圾分类的核心信息。

在项目的报告过程中,各个团队都展现了他们的出色表现。D 小组制作了一段充满创意的垃圾分类宣传视频。这段视频不仅包含了丰富而准确的垃圾分类知识,还巧妙地采用了生动有趣的动画形式,极大地吸引了观众的注意,从而增强了宣传的效果。在进行评估时,教师首先给予了小组 D 的创新思维和他们的辛勤付出高度的肯定,并对他们在视频制作中展示的团队合作精神和专业技术能力给予了极高的评价。接下来,为了提高视频中科学知识的精确度和深入性,我们提出了若干建设性的优化建议。例如,一些最新的垃圾处理技术可以作为补充,以进一步丰富视频的内容。

从这段课堂实录片中,我们可以清楚地观察到,芬兰的教师在进行现象式的教学评估时,始终非常重视学生在解决实际问题时的细致观察和客观、全面的评价。教师有能力迅速而敏感地识别学生在学习旅程中可能遇到的各种问题,并能迅速提供具有针对性和实用性的指导与反馈,从而帮助学生持续地进行改进和提升。与此同时,教师始终密切关注学生在创新思维方面的优点和付出,及时给予他们充分的认可和激励,以持续地激发学生的学习热情和主观能动性。

13.2 美国 STEAM 教育评价框架

自从美国的 STEAM 教育观念被提出,它在全球各地都带来了深远和广泛的影响。该方法强调了科学(Science)、技术(Technology)、工程(Engineering)、艺术(Art)和数学(Mathematics)之间的深度融合,致力于培养学生的创新能力、批判性思维和综合运用多学科知识解决复杂问题的能力,以满足未来社会对创新型人才的迫切需求。NGSS 标准(Next Generation Science Standards)在美国的科学教育领域被视为权威且具有深远影响的准则,STEAM 教育评价框架在其下展现出了独特的特点,并为我们提供了宝贵的参考意见。

13.2.1 NGSS 标准下的 STEAM 教育评价框架特点

强调实际操作和应用技能:NGSS 标准始终把学生在科学知识上的实际应用能力作为评估的中心焦点。在进行评估时,我们会精心设计各种与现实生活紧密相关、具有挑战性的实际问题和综合项目。我们要求学生能够灵活运用他们所学的科学、技术、工程、艺术和数学等多学科的知识,提出实际可行的解决方案,并对这些方案的可行性和有效性进行评估和优化。例如,在一个名为"设计可持续能源解决方案"的项目中,学生需要综合运用物理学中的能量转换和守恒知识、化学中对能源材料特性的理解、工程学中的设计原理和方法,以及数学中的数据分析和模型构建技能,构建一种既高效又环保,同时又经济实用的能源解决方案。在此基础上,我们还需综合考虑社会、环境以及经济等多个维度,对整个方案进行深入的评价和持续的优化。采用这种评估方法,可以全方位和深度地测试学生如何将抽象的理论知识转换为实际应用,同时培养他们在解决实际问题时的创新思维和实践技巧。

在科学探究的过程中,我们高度重视每一个关键环节和学生的具体表现,这包括提出问题、构建假设、设计和实施实验、收集和分析数据,以及推导和总结结论等各个方面。例如,在进行生物实验的教学过程中,我们需要评估学生是否能够敏感地从他们的日常生活或已掌握的知识中挖掘出具有研究意义的问题,以及他们是否能够运用科学的思考方式和已有的知识来合理地提出假设;在进行实验设计的过程中,我们需要评估学生是否能够全面地考虑到实验变量的管理、选择合适的实验材料和方法,以确保实验既科学又可靠;在数据收集的过程中,我们需要评估学生的数据采集方式是否精确和标准化,以及是否能够有效地减少数据的误差;在对数据进行分析的过程中,评估学生是否能够采用适当的统计技巧和数据处理工具,从复杂的数据中筛选出有意义的信息,并基于这些信息做出合理且精确的判断。通过对科学研究的整体过程进行深入的评估,我们可以更好地培养学生的科学思考模式、严格的科学态度以及独立探索的能力。

STEAM 教育的核心理念强调了跨学科的整合,而在 NGSS 标准下的评估体系也充分展现了这一核心思想。评估任务通常是高度综合和复杂的,涉及多个学科领域的知识和技能,要求学生能够跨越学科的界限,灵活地整合不同学科的知识和方法,共同解决复杂的问题。举例来说,在一个名为"城市规划"的项目中,学生需要利用数学知识进行精确的数据分析,如人口密度的计算、土地利用效率的评估,以支持城市空间布局的规划;利用工程学的知识来规划和设计城市的基本设施,这包括但不限于道路、桥梁和供水排水系统,务必保障其功能与安全性;借助艺术的智慧,从审美和文化的视角去塑造城市的总体形象和独特性,从而创造出富有吸引力的城市风景;此外,为了使城市规划更为科学、合理和可持续,还需要融合社会学、经济学等多学科的知识,并考虑到城市社会需求和经济发展的各种趋势。采用这种评估方式,可以有力地推动学生形成跨学科的思考模式,并增强他们综合应用多学科知识解决问题的能力。

13.2.2　STEAM 评价工具本土化修订记录表

为了让美国的 STEAM 评价工具更符合我国教育的实际需求,并最大限度地发挥其在跨学科学习评价方面的正面影响,我们精心编制了一份名为"STEAM 评价工具本土化修订记录表"的文档,并在此详细解释了这些主要修订内容以及背后的驱动因素。

术语和概念的本地化翻译:美国的教育术语和概念深深植根于其独特的教育文化背景中,而在我国,可能存在不同的理解和表达方式。例如,在美国的教育背景下,"inquiry-based learning"经常被翻译为"探究式学习"。但在我国的教育领域,经过多年的实际操作和深入的理论探讨,"探究性学习"这一术语已经被广大的教育者和学生所广泛认知和采纳。因此,在对评价工具进行修订的过程中,有必要对这类专业术语和概念进行精确的本地化翻译,以便更好地适应我国教育术语体系,并使其更容易被我国的教师和学生所理解和应用。此外,对于那些深受美国文化影响的观念,以"Common Core State Standards"(共同核心州立标准)为例,由于我国的教育体制具有其独特的属性,因此并没有一个与之直接匹配的概念存在。在这样的背景下,评价工具需要对其进行深入的阐述和解释,以帮助用户更准确地理解其含义和在评价过程中的应用方法,从而避免因文化差异引发的理解误区和应用错误。

关于评价指标的权重调整:鉴于我国教育资源的分布、实际的教学条件和教育发展的重点与美国存在明显的不同,因此在参考美国的 STEAM 评价工具时,我们必须根据我国的实际情况对评价指标的权重进行适当的调整。例如,在美国的 STEAM 教育评估体系中,由于其独特的教育观念和社会需求导向,评价更多地侧重于学生的独立探究和创新能力,因此相应的评价指标具有较高的权重。然而,在我国,鉴于学生对基础知识的深入掌握对其未来成长的关键作用,以及在大班额的教学环境中进行深度探究活动的实际挑战,我们可以在评估过程中适当增加对基础知识掌握的重视程度,我们要确保学生在追求创新和提高实践技能的过程中,也能建立坚固的知识体系。另外,鉴于我国在艺术教育和技术教育方面与美国在教育资源分配、课程设计以及教学焦点等多个方面存在显著差异,因此在涉及艺术和技术领域的评价指标权重方面也需要做出有针对性的调整。例如,在对学生的艺术修养进行评估时,我国的艺术教育更加重视传统艺术文化的继承和基本艺术技能的培育。因此,我们可以根据我国艺术教育的课程特色和教学焦点,对评价指标的权重进行适当的调整,以更好地反映我国艺术教育的真实进展,并真实地展现学生在艺术领域的学术成就和能力提升。

关于修订的内容,原始内容经过修改后的修改理由:"inquiry-based learning"和"探究性学习"这两个术语的翻译与我国的教育术语习惯相契合,有助于更好地理解和沟通。

在评价指标的权重中,基础知识的占比为 30%,而艺术素养占比为 40%,这都是基于我国教育对基础知识重视的传统,旨在加强学生的知识基础。

在评价指标的权重分配中,艺术素养占据了 20%,而艺术素养占比为 15%,这一比例与我国的艺术教育资源和教学焦点相结合,充分体现了我国的独特文化特色。

13.3　新加坡 21 世纪素养测评体系

新加坡作为亚洲教育界的一个标杆,始终坚持前沿的教育观念,并致力于培育能够满足 21 世纪全球竞争要求的高质量人才。该 21 世纪素养测评体系是经过精心策划和构建的,它为全方位和系统性地评价学生的综合素质提供了一套科学而有效的评估工具,因此在国际教育界受到了广泛的关注。

13.3.1　新加坡 21 世纪素养测评体系特点

新加坡对 21 世纪的素养进行了细致的分类,将其细分为三个主要类别,并覆盖了学生成长中的多个核心方面。在核心价值观的分类中,特别强调培养学生的尊重精神,让他们学习如何尊重他人的权益、立场和文化差异;加强对责任的承担,无论在个人行为上还是在社会责任上都展现出积极的责任感;坚守正直的道德品质,始终遵循道德的底线和基本原则。在社交和情感技能这一类别中,强调对学生自我认知的培育,确保学生能够清楚地认识到自己的长处、短处、兴趣以及价值观;教导学生如何有效地管理自己的情绪,使他们在各种不同的环境中都能适当地调整自己的情绪;增强处理人际关系的技巧,学习如何与他人进行高效的交流、协作,并建立稳固的人际联系。公民素养、全球意识和跨文化交流技能这几个类别的重点是培养学生的社会责任感,使他们能够积极参与社会事务,为社会的发展做出贡献;扩展学生的国际视角,让他们更好地理解全球趋势和各个国家的文化背景;增强跨文化沟通的能力,使其能在多样化的文化背景下流畅地进行交流和合作。借助这种全方位、精细的素质分类方法,可以从各种视角和方面对学生进行全面的评估,从而为学生的整体成长提供准确的方向。

评价方法的多样性:采纳了多种评估手段,如标准化测试、表现性评价和档案袋评价,以全方位和客观的方式来评价学生的综合素质。标准化测试的主要目的是评估学生在基础知识和基本技能方面的掌握水平,以确保学生拥有坚实的知识基础。表现性评价是一种通过观察学生在具体任务中的表现,如在项目完成过程中的问题解决能力、团队合作能力、创新思维,来评估学生的综合能力和素养应用水平的方法。例如,在组织学生参与社区服务项目的过程中,通过观察学生在项目策划、执行和沟通协调等方面的表现,可以评估学生的社会责任感、团队合作能力和实践能力。在档案袋里,学生可以存放他们的艺术创作、科技创新、学习感悟、参与社会实践的照片和总结等资料。通过这些详尽的信息,我们可以全方位地展示学生在各个学习阶段和领域的成果与进展,为评估提供更为完整和真实的参考。

新加坡的21世纪素养测评体系与其国家教育目标有着密切的联系,两者互为补充。该教育机构的目标是培育出具有批判性思考、创新精神、团队协作能力和强烈的社会责任感的未来专才,以满足全球化和知识经济快速发展的社会需求。评估体系的所有内容和方法都是围绕这一核心目标进行的,以确保评估能够准确地反映出学生是否满足了教育目标的各项要求。在学校的课程设计中,我们精心策划了一系列与日常生活紧密相连的项目和活动,如科技创新比赛、国际文化交流活动和社会研究项目,目的是在这些实际场景中评估学生运用所学知识和技能解决实际问题的能力,还需考虑是否拥有适当的修养。举例来说,在科技创新竞赛这一环节中,主要是为了测试学生在创新思维、科学研究能力以及运用跨学科知识来解决技术问题方面的能力;在进行国际文化交流的活动时,需要对学生的跨文化交流能力、全球视野以及对多元文化的理解和接纳能力进行评估。采用这种评估方法,我们可以使评价成为一个强有力的工具,帮助学生不断向教育目标迈进,同时也为教育者在调整教学策略和优化教学内容时提供了坚实的科学依据。

13.3.2　国际案例关键要素提取表

为了对三国案例中的可迁移组件进行更为明确和直观的整理,我们精心编制了一份名为"国际案例关键要素提取表"的文档,我们可以从中学习和借鉴。

在我国的跨学科学习评价体系中,芬兰的过程性评价、学生为核心的合作学习评价方法得到了大力的强化,他们始终关心学生的个体差异,并对合作学习能力的培育和评估给予了高度的重视。通过建立一个全面的过程性评估体系,如学习日志、课堂表现记录、小组互评等方法,可以全方位地追踪学生的学习进程,及时发现问题并提供针对性的指导。在教育过程中,我们应当高度重视学生的中心地位,并根据他们的兴趣与需求来策划教学活动,以此激发他们的学习热情和主观能动性。此外,我们还制定了科学且合理的合作学习评估标准,从学生的参与度、贡献度和团队合作能力等多个角度来评估他们在合作学习中的表现,旨在提高他们的合作能力。

美国注重实际操作和应用技能,重视科学研究的流程,并在评估过程中大量引入实际问题解决和项目式学习的考量,以借鉴美国在这方面的经验。我们为学生提供了种类繁多的实践项目,包括科技制作、社会研究和工程设计等,目的是让他们在实际操作中应用所学的知识,从而增强解决问题的实际能力。强化对学生在科学探究过程中的引导和评估,以培养学生在提出问题、构建假设、设计实验、数据收集、数据分析以及最终得出结论等方面的科学探究思维和方法。为了促进跨学科的综合评估,我们设计了一系列的综合评价任务,这要求学生将不同学科的知识融合起来,以解决复杂的问题,并培养他们的跨学科综合能力。

新加坡构建了一个全方位的素养评估体系,采用了多种评估方法,并与教育目标紧密相连。考虑到我国的教育目标和学生的发展需求,新加坡明确了素养的分类和具体指标,确保评估内容覆盖了学生的知识、技能、情感态度和价值观等多个领域。为了全方位和客观地评估学生的综合素质,我们采用了多种评价手段,包括考试、作业、作品展示、实践活动评价以及档案袋评价等。为了确保评价与我国的教育目标高度吻合,我们需要根据这些教育目标来设定评价的标准和内容,确保评价成为帮助学生达成教育目标的有力工具。

经过对多个国际案例的深度探讨,我们明确地认识到了我国在进行跨学科学习评估时可以参考的经验和需要调整的策略。在吸取国际教育经验的过程中,我们必须深入考虑我国特有的教育文化背景、当前的教育政策和具体的教育现状,对这些经验进行科学和合理的本土化调整,以便更好地整合到我国的教育体系中,并更有效地支持我国跨学科学习评价体系的进一步完善和发展。

第十四章

未来趋势:智能时代评价范式重构

在这个科技快速增长的智能时代中,教育界正在经历一个全面且深入的转型。跨学科的学习评估,作为培养学生全面能力和增强他们未来社会适应性的核心部分,同样面对着空前的机会和考验。传统的评价模式已经不能满足现代教育的需求,因此重塑评价模式已经成为一个不可避免的方向。新兴技术如元宇宙和区块链的出现,为跨学科的学习评估提供了创新的途径,而建立一个跨学科的终身学习跟踪机制,则为学生的未来成长提供了坚实的基础。

14.1 元宇宙与沉浸式评价场景设计

元宇宙,这一融合了众多尖端技术的创新观念,正在以惊人的速度进入教育行业,为教育和评估带来了翻天覆地的变化。该系统利用了虚拟现实(VR)、增强现实(AR)和人工智能(AI)等先进技术,构建了一个高度逼真和互动性强的虚拟三维空间。这不仅让学生能够身临其境地参与到学习活动中,还极大地激发了他们的学习兴趣,并增强了他们的沉浸感和参与度。在进行跨学科的学习评估时,采用基于元宇宙的沉浸式评价方法,可以更加精确和真实地展现学生的实际能力和素质。

14.1.1 元宇宙博物馆评价场景脚本设计

以"元宇宙博物馆评价场景"为研究对象,学生将在这个虚构的博物馆环境中展开一系列既有趣又充满挑战的学术探索之旅。当学生通过头戴式显示器或其他相关设备进入元宇宙博物馆,他们会被一栋宏伟且充满艺术感的虚拟建筑所吸引。博物馆的内部空间布局设计得十分合理,展出了一系列令人眼花缭乱的文物和展品。这些展品不仅涵盖了历史、艺术、科学和文化等多个领域,而且每一件都经过了精细的建模和数字化处理。除了具有高度逼真的外观细节外,还通过交互技术,为学生展示了丰富的背景知识和文化内涵。

第一项任务:对文物的知识进行深入研究

对于学生来说,他们首先需要对指定的文物进行深入的知识研究。比如,系统会随机选取一件古代的青铜器作为研究的目标。当学生接近这件青铜器展品的时候,屏幕会自动弹出一个交互界面,该界面详细展示了青铜器的基本信息,包括其所属的年代、产地、大致的用途等。此外,在元宇宙的背景中,设计了许多巧妙的信息节点。学生只需简单点击这些节点,就可以深入探索青铜器背后的历史故事,如其独特的制作方法、在当时社会中所承载的文化价值以及所代表的历史时期的政治和经济背景。

在探索的旅程中,我们系统地鼓励学生主动提出问题,从而加深他们的思考。评价者会根据学生提出的问题的质量和深度,进行详细的记录和评分。例如,如果学生询问:"与同一时期其他地方的青铜器制作工艺相比,这款青铜器有哪些独到之处?这些创新在当时的社会生产和文化交往中带来了怎样的变革?"这种深度和广度都很大的问题,系统通常会给予较高的评分,这是因为它充分展示了学生对知识的深度探索、批判性思维和对跨学科知识关联的敏锐洞察力。

第二项任务:关于文化的创意设计

在完成对文物知识的深入研究之后,学生需要根据对文物的深入理解和感悟来进行文化创意的设计。例如,我们鼓励学生从这件青铜器中汲取创意,创造出既现代又实用的文化创意产品。学生有机会利用元宇宙提供的各种专业创意设计工具,这些工具不仅拥有丰富的素材库,还具备便捷的建模功能和实时预览效果等特点,能够帮助学生将脑海中的创意转化为可视化的设计作品。

在系统的设计阶段,我们会对学生的行为进行实时的观察,并从多个角度对其进行评估。例如,通过观察学生的设计思维的连续性和逻辑性,我们可以判断他们是否能从青铜器的外观、装饰和文化含义中提炼出核心元素,并巧妙地将其整合到当代的产品设计之中;评估学生在运用创意元素时是否具有新颖性和独特性,以及是否能够打破传统的思维模式,为产品注入全新的功能和价值;评价学生在继承和创新文物文化内涵的过程中,是否在保留传统文化精华的基础上,融入了现代审美观念和时代精神。如果学生能够设计出一种结合了青铜器古老风格和现代环保材料的家居装饰品,并具有独特的收纳功能,那么这将是对传统文化传承的一种体现,体现了创新的思维方式和实际应用的考量,这种创新的展现将受到全面和高度的肯定。

14.1.2 评价方式与优势

评价者主要是通过观察学生在虚拟环境下的各种行为、决策流程以及最后的成果来进行全方位的评估。在探索文物知识的过程中,我们特别重视学生提出问题的品质,包括问题的针对性、深入性、广泛性和创新性。那些能够提出富有启示性、能够引导深度思考的开放性问题,或者能够从一个独特的视角出发,将不同学科的知识进行关联提问的学生,通常被认为具有较强的探究能力和思维活跃度。

在进行文化创意设计的过程中,评价者特别关注学生在创新方面的表现,包括但不限于设计观念的特异性、产品的实用价值和市场前景,以及对文化内涵的深入挖掘和创新性表达。此外,我们还会评估学生在团队合作中(如果任务是小组合作的形式)的表现,这包括他们的沟通技巧、团队合作分工、领导才能以及其他跨学科的能力。

这一基于元宇宙理论的沉浸式评估场景展示了多项明显的优越性。首先,这大大增强了评估的吸引力。传统的评估方法主要依赖于纸和笔的测试、简单的作业或口头提问,这些方式往往显得单调乏味,可能导致学生感到不耐烦,从而不能有效地激发他们的学习热情和主动性。元宇宙评价场景通过创建逼真的虚拟环境、提供丰富多样的交互体验和设置充满挑战与趣味的任务,将评价过程转化为一场吸引人的学习冒险,使学生能够在轻松愉快的氛围中展示自己的真实能力和素养。

接下来,评价的真实性得到了明显的提升。在元宇宙的虚拟背景下,学生的行为和决策显得更为真实和自然,他们很少受到传统评估环境中的紧张和时间限制等外部因素的影响,这使得他们的实际技能、思考模式和问题解决能力得到了更真实的展现。例如,在进行文化创意设计的任务时,学生有机会在虚拟的环境中自由地探索各种创新思维,而不会受到实际材料或制作方法的限制,这使他们能够充分展示自己的创新思维和实践能力的极限。

除此之外，元宇宙评价的场景也展现出了极高的适应性和扩展能力。评价者可以根据各个学科的教学目的、学生的年龄特征和认知能力，灵活地设计各种不同的评价任务和场景。例如，在历史学科的背景下，我们可以构建如古代战场和历史事件再现这样的评估场景；对于科学领域，我们可以创建如虚拟实验室和太空探索这样的环境。与此同时，随着元宇宙技术的不断进步和升级，评价的场景也在持续地更新和扩展，融入了更多的先进交互方式、智能化的辅助工具和动态的故事情节，为学生带来了更为丰富和个性化的评价体验。

14.2 区块链技术在教育评价中的可信存证

在教育评估的领域中，数据的保密性、信赖度和完整性构成了确保评估结果公平和高效应用的核心。区块链技术，作为一项具备去中心化、不可篡改、可追溯和加密安全等多种特性的新兴科技，为教育评价数据的储存、管理和共享提供了一种创新的解决方案，有潜力彻底改变传统的教育评价数据管理方式。

14.2.1 区块链存证技术原理与优势

区块链在本质上是一种分散式的账本技术，其通过将数据存储在区块中，并按照时间序列将其连接成链条，确保了数据在去中心化网络环境下的安全存储和共享。在进行教育评估时，区块链技术的工作原理是这样的：

在学生的学习旅程中，他们会生成各种类型的数据，包括但不限于课堂表现记录、作业完成状况、考试成绩和项目成果等。这些数据在最初阶段会通过加密算法进行加密处理，以确保数据的保密性和安全性得到维护。接着，经过加密处理的数据被整合为一个区块，其中包括时间戳、数据细节以及前一个区块的哈希值等关键信息。每一个区块的哈希值都是基于该区块内的数据内容来计算和生成的，并且这些哈希值具有唯一性。通过在当前区块内包含前一个区块的哈希值，成功构建了一个不可篡改的链状结构。

此外，区块链网络是由多个分散在各种地理位置的节点所构成，这些节点在数据验证和存储过程中起到了共同的作用。当一个新的区块被创建时，网络中的节点会对其数据内容进行验证，只有当大部分节点的验证都通过时，这个区块才能被加入区块链中。这一去中心化的数据验证机制，在单一中心存储模式下，成功地规避了数据被篡改或丢失的可能性，从而显著提升了数据的可靠性和可信度。

在教育评估中,区块链技术的主要优点集中在几个核心领域:

数据的安全性得到了确保:由于区块链的去中心化特点,数据被存储在多个节点上,而不是集中在一个服务器上,这大大减少了由于服务器故障或黑客攻击等原因可能导致的数据丢失或泄漏的风险。同时,通过应用加密技术,仅有具备相应私钥的授权人员才有资格访问和读取数据,这进一步加强了数据的安全性和隐私性。例如,在区块链存储中,学生的敏感个人信息,如身份证号码、家庭地址,经过加密处理后,即便数据被非法获取,没有私钥也无法解密查看。

数据的不可篡改性:当数据被保存在区块链上时,其被篡改的可能性几乎为零。由于在一个由多个节点构成的区块链网络中,任何数据修改都需要对该区块以及随后所有区块的哈希值进行同步调整,因此,要实现这一目标几乎是不可能的,需要获得大多数节点的一致同意。这一独特属性极大地增强了教育评价数据的真实性和可靠性,为学生在学业证明、升学就业以及奖学金评定等方面提供了稳固和可信赖的数据支持。举例来说,一旦学生的考试成绩被记录在区块链上,无论是教师、学校还是学生本人,都不能擅自更改,这确保了成绩的公正性和权威性。

数据的可追溯性得益于区块链的链条式结构,这确保了数据的完整追溯能力。评价者、学生、家长和其他有权访问的人都可以利用区块链浏览器来浏览学生的数据历史,从而深入了解学生在各个学习阶段的表现、发展路径和评价结果的演变。这种方法不仅助力教师进行深入的教学反思和提供个性化的教学建议,同时也为学生在自我认知和职业规划方面提供了全方位的数据依据。例如,在学生向大学提交申请的过程中,招生机构可以利用区块链技术来查阅学生从高中到大学预科的完整学习历史和评估结果,包括每次的考试表现、完成的作业情况、参与的科研项目的成果等,这样可以更加全面和准确地评估学生的综合素质和潜在能力。

14.2.2 区块链存证技术在教育评价中的实施步骤

在开始应用区块链技术之前,我们首先要确立一个统一且标准化的数据准则。明确指出了哪些教育评估的数据应当被保存在区块链中,并对数据的格式、内容标准以及数据收集的频次进行了规定。例如,规定学生在学习过程中的数据应涵盖每天的学习时长、在课堂上的互动频率、提交作业的时间和质量,以及他们在小组讨论中的表现等方面;评估的结果数据应该包括考试的分数、教师给出的详尽评价、学生的自我评估报告以及同学之间的相互评价等信息。同时,我们必须确保数据标准与教育教学的目标、课程标准和教育管理的需求是一致的,这样才能更好地进行后续的数据应用和分析。

构建区块链技术平台:基于教育评估的实际需要和预算,挑选适宜的区块链平台,如以太坊、超级账本 Fabric、EOS(Enterprise Operation System)区块链。每一个平台都有其独特之处,以太坊拥有一个丰富的智能合约生态系统和开发者社群;Fabric 超级账本特别强调了企业级应用在隐私保护和可扩展性方面的重要性;EOS 更倾向于追求高效性能和较低的延迟时间。在确定了平台之后,我们需要进行个性化的开发,包括为教育评估设计合适的数据结构、编写智能合约(用于自动化数据验证、授权访问、数据更新等操作)以及与学校现有的信息系统进行对接等。在构建区块链平台的过程中,我们必须深入思考该平台的表现、安全保障、扩展能力和用户友好性,确保教育评估数据能够被大规模地保存并得到高效的管理。

数据的输入和保存:根据既定的数据准则,将学生的学习进度和评估结果数据输入到区块链技术平台上。在数据录入的全过程中,必须严格按照数据加密和验证的步骤来操作,以确保数据的安全性和准确性得到保障。为了提升数据录入的效率,我们可以结合自动化的数据收集工具和手工输入的方法。例如,我们可以利用学习管理系统(Learning Management System)来自动收集学生在线学习的各种行为数据,包括但不限于课程的观看记录和在线考试的成绩等;对于那些需要手动评估的数据,如教师对学生在课堂上的表现的评价、作文的评分,教师会在指定的输入界面进行录入。与此同时,为每位学生提供独特的数字身份识别,利用数字证书和加密密钥,我们能够对学生的数据进行安全的管理和追踪。

在区块链网络中,各个节点会对输入的数据进行多次核实,包括但不限于数据格式的确认、内容完整性的核实以及数字签名的确认等。仅当数据经过验证后,它才有资格被加入区块链中。一旦成功地将数据上链,便能按照预定的授权策略,在学校内部(如教师、学生、管理人员)、教育部门、招生院校、用人单位等不同的主体之间实现数据的安全共享。举例来说,学校有权给予教师权限,让他们查阅所教授班级学生的学习进度数据,以便更好地进行教学分析和提供指导;教育部有能力收集学校全面的教育评估数据,这些数据将用于制定教育政策和进行教育质量的监控;在招生季节,招生学院有权访问学生的区块链学习资料,为了做出更加科学的招生选择,我们需要深入了解学生的全面素质和发展前景。

为了在学校和教育机构中广泛推行区块链存证技术,有必要加强对教师、学生以及家长的专业培训，以便他们更好地理解区块链技术的工作原理、优点和应用方式。与此同时，我们应积极地与招生机构、雇主等外部组织建立合作伙伴关系，以促进区块链存证技术在诸如升学和就业、人才招募等多个领域得到广泛应用，从而提升教育评价数据在社会上的认可度和价值。例如，组织区块链教育应用的研讨活动、组织教师培训研讨会、制定面向学生和家长的科学普及材料等，都是为了增强各方对区块链存证技术的了解和认同。除此之外，我们还可以通过创建行业合作伙伴或标准化机构，来促进区块链技术在教育行业中的标准化进展，建立一致的数据交流准则和相互信任的机制。

为了更系统和全面地引导区块链技术在教育评估中的运用，制定"区块链存证技术白皮书（教育版）"显得尤为关键。白皮书应当详尽地解释区块链技术在教育评估中的应用逻辑、技术框架、优点分析、执行步骤、安全防护措施、实际应用案例以及未来的发展方向等方面的内容，以便为教育从业者、政策决策者、技术开发人员和相关的利益相关方提供权威而全面的参考指导。

14.3　跨学科素养的终身学习追踪机制

在这个知识不断更新、社会需求变得越来越多样化的时代，培养学生的跨学科能力已经成了教育的一个核心目标。为了更有效地促进学生的终身学习和可持续发展，迫切需要构建一套科学而完善的跨学科素养终身学习追踪机制。

14.3.1　"素养追踪护照"概念模型（K12全学段）设计

我们设计了一个名为"素养追踪护照"的概念模型，其目的是通过数字化和可视化手段，全方位地记录学生从小学至高中在 K12 教育阶段的跨学科素养进展。这个模型主要由以下几个核心元素构成：

关于学习成果的记录：这一部分详尽地列出了学生在不同学科领域的学术表现、完成作业的情况以及在考试中的表现等传统的学术数据。此外，对于跨学科的学习项目，我们会详细记录学生在该项目中的参与度、所扮演的角色、起到的作用，以及最终的学习成果。例如，在一个名为"城市可持续发展"的跨学科研究项目中，我们记录了学生在该项目中所承担的各种任务。这些任务包括进行城市交通流量的调查（涉及数学和统计学的知识）、编写城市生态环境的分析报告（融合了语文和地理的知识），以及设计城市绿色能源的规划方案（利用物理和工程的知识）。此外，我们还记录了项目实际执行后的效果，例如，是否为某一城市区域的规划提供了实质性的参考依据，或者是否得到了相关政府机构或社会团体的批准等。

项目经验记录：该系统详细地记录了学生在各种跨学科项目中的参与经历，包括项目的背景信息、设定的目标、在实施过程中遇到的关键节点和挑战、团队合作状况，以及项目最终成果的展示。通过对项目经验的详尽记录，我们能够更深入地掌握学生在跨学科学习中所应用的各种知识和技巧，以及他们解决复杂实际问题的能力。举例来说，学生参与了一个科技创新项目，在记录中应该包括项目的创意来源，以及是如何从日常生活中的某个问题或现象中激发灵感的；在团队的构建过程中，我们需要考虑如何吸引来自不同学科背景的团队成员，以及如何明确任务的分配；在技术研发的过程中，我们碰到了哪些技术上的挑战，我们是如何利用跨学科的知识整合和团队合作来解决这些问题的；该项目的创新之处主要集中在哪些领域，以及项目成果在未来的应用潜力和对社会的影响。

技能证书和荣誉记录：我们全方位地记录了学生在跨学科素养方面所获得的各种技能证书和荣誉奖项，包括但不限于机器人编程等级证书（涵盖计算机科学和工程学的相关知识）、青少年科技创新大赛的奖项（融合了多学科的知识和创新思维）以及社会实践优秀志愿者证书（具有社会责任感和跨学科沟通协作能力）等。这些证书和荣誉不仅是学生跨学科能力的直接反映，而且在他们的升学、评优和未来职业生涯中，也能为他们提供强有力的竞争优势证明。

学习反思与成长记录：我们鼓励学生定时进行深入的学习反思，详细记录他们在跨学科学习中所获得的经验、遭遇的挑战、所遭遇的问题以及如何战胜这些问题的宝贵教训。这一部分的内容不只是帮助学生提高自我认知和自主学习的能力，同时也为教育者和家长提供了一个了解学生学习心态和思考方式的途径。例如，在跨学科的项目中，学生能够详细记录自己是如何从最初对特定学科的不熟悉，逐步通过持续的学习和实践来掌握并应用这些知识来解决实际问题的；在团队合作的过程中，我们面临了哪些沟通上的困难，以及如何优化沟通策略来增强团队的合作效果。

"素养追踪护照"是以数字方式展示的，可以通过特定的 App 或在线平台进行访问和管理，使得学生、教师和家长可以随时随地查看和更新。同时，我们采纳了统一的数据标准和格式，以确保不同学校和不同地区间的数据能够实现无缝的连接和共享。例如，我们可以通过创建一个基于区块链技术的"素养追踪护照"系统，充分利用区块链的数据保护和可追溯性,确保学生信息的安全和完整性,并在授权的范围内实现数据的可靠共享。

14.3.2 智能评价技术成熟度评估

为了更准确地了解当前智能评价技术的进展、应用状况以及未来的发展方向,并为教育工作者和政策制定者提供科学和客观的决策依据,编制《智能评价技术成熟度评估报告》显得尤为重要。这份报告从多个方面对智能评估技术进行了深入的分析和评价。

技术进步水平:对当前智能评价技术在数据收集、分析、处理等关键环节的技术成熟度进行深度评估。例如,在数据收集的领域中,我们探讨了传感器技术和物联网技术在教育环境中的实际应用,以及它们是否能够对学生的学习行为数据(如在课堂上的表情、身体动作、书写路径)进行全方位和精确的收集;在对数据进行分析的过程中,我们评估了大数据分析技术和机器学习算法在揭示学生学习模式、预估学习表现以及识别学习异常等方面的准确度和稳定性;在处理数据的过程中,我们评估了人工智能技术在自动化评分(如作文的自动评分和主观题目的智能批改)以及个性化评价报告生成等领域的成熟程度。比如,关于作文的自动评价系统,为了准确评估文章在语义、逻辑、语法和情感表达等多个方面的准确性,需要考察评分结果与人工评分之间的一致性水平;针对学生个体差异,个性化评价报告生成技术能否提供具有针对性和指导作用的学习建议和发展方向。

应用案例研究:对国内外智能评价技术在教育行业中的实际应用进行了广泛的搜集和深度的分析,详尽地描述了每一个案例在不同应用场景、执行步骤、所达到的效果以及所面对的各种挑战。例如,一所著名的国际学校推出了一个基于人工智能技术的智能评估系统,该系统能够在日常教学活动中对学生的学习进程进行实时的观察和分析。通过对课堂互动数据、作业完成状况和考试成绩的全面分析,我们为教师提供了一幅详尽的学生学习画像,有助于教师及时调整教学策略,以实现个性化的教学。但是,在实际应用中,我们也碰到了一些挑战,例如,部分教师对新系统的操作技巧不够熟练,以及学生对评估结果的接受度存在不同。通过深入分析这些案例,我们可以总结出成功的经验和失败的教训,为其他教育机构提供有价值的参考。

关于市场的需求和未来展望:我们深入研究了教育市场对智能评价技术的需

求，并对不同的教育阶段(如学前教育、基础教育、高等教育和职业教育)、各种教育环境(如课堂教学、在线学习和课外辅导)以及不同的教育参与者(如学生、教师、家长和教育管理者)对智能评价技术的需求和期望进行了分析。结合当前的技术进展和政策方向，我们对智能评价技术在接下来的几年中的市场大小和增长动向进行了预测。例如，随着网络教育的快速增长，对于能够进行远程、实时和精确评估的智能评价技术的需求也在持续上升；在政策方面，我们鼓励教育的数字化和个性化，这也为智能评估技术的进步创造了宽广的机会。通过深入分析市场的需求和未来趋势，我们为教育工作者和政策决策者在技术引进和研发资金投入等领域提供了有力的决策参考。

挑战与建议：全方位地梳理理智能以评估技术在实际应用中所遭遇的各种问题和挑战。从技术的角度看，涉及数据隐私的保护，如何在数据的收集、储存和使用阶段确保学生的个人学习资料的安全与隐私是一个关键问题；通过解决算法偏见的问题，可以防止智能评价算法因数据的偏差或设计的不足而给某些学生群体带来不公平的评价结果；由于技术的兼容性问题，我们确保了智能评价系统可以与学校目前的教学管理系统和学习平台实现无缝的整合。从教育的角度看，教师对于新技术的掌握和应用水平各不相同，因此有必要加大培训力度和提供更多的专业发展援助；对于智能评价的结果，学生与家长的理解和信赖程度仍需进一步加强，这需要更多的沟通与推广。面对这一系列的挑战，针对当前情况，我们提出了具体的解决建议，包括强化数据隐私保护的法律和监管措施，优化算法设计以降低偏见，以及建立技术标准以促进系统的兼容性；实施教师培训方案，以增强教师在数字素养和智能评估技术应用方面的能力；通过广泛的宣传和教育活动，我们旨在增强学生及其家长对智能评价的了解和信赖度。

通过阅读《智能评价技术成熟度评估报告》，教育工作者和政策制定者可以更加全面和深入地掌握智能评价技术的当前发展状况和未来趋势。这将有助于他们更加科学和合理地规划智能评价技术在教育领域的应用和发展路径，充分发挥其在促进教育公平、提高教育质量和推动教育创新方面的积极作用。

第十五章

研究结论与行动建议

15.1 跨学科评价改革的瓶颈与突破路径

在教育改革持续加深的大环境中,跨学科的评估改革已经成了提高教育水平和培育学生全面能力的核心部分。但是,在推动跨学科评估改革的过程中,许多瓶颈问题开始显现,这严重限制了改革的步伐和效果。

15.1.1 教师观念转变难

作为教育和教学活动的直接执行者,教师的观点在决定跨学科评价改革是否成功方面具有关键性的影响。多年来,由于传统的以学科为中心的教育方式,很多教师已经逐渐适应了单一学科的教学和评估方法,从而形成了一种固定的思维模式。在这样的思维模式中,教师常常过分重视学科知识的教授,过分强调知识的系统性和完整性,而忽略了对学生综合素质的培养。在进行跨学科的评估时,有些教师存在误解,他们认为这样的评价可能会加重教学的压力,打破原有的教学节奏,并可能对学生在传统学科考试中的表现产生不良影响。

例如,在一项关于教师对跨学科评价态度的调查中,超过 60％的教师表达了对实施跨学科评价的担忧,担心这会影响他们的教学进度和学生在传统考试中的表现。一些教师坦率地表示:“目前的教学任务已经相当繁重,如果再进行跨学科的评估,感觉难以胜任。”这样的观点之所以产生,部分原因是教师在长时间的师范教育体系中,学科和专业的划分过于精细,缺少跨学科的知识和观念的深度结合;从另一个角度看,教育评估体系在评价教师的教学成果时,仍然主要依赖于学生的学科考试成绩,这导致教师不敢轻易尝试进行跨学科的评价改革。

为了突破当前的限制,强化教师的培训变得尤为重要。一方面,我们应该定期组织专题研讨会,邀请教育领域的专家学者深入剖析跨学科评价的内涵、意义和价值,以帮助教师从理论层面深刻理解跨学科评价的重要性。例如,学者可以参考国内外教育改革的最新趋势,详细解释跨学科评估如何助力学生的批判思维、创新才能和问题解决技巧的成长,以及它对学生未来的职业生涯和社会适应性的正面作用。另一方面,举办工作坊为教育工作者提供了一个实际操作的场所,使他们能够在实践中熟练掌握跨学科评估的各种方法和策略。在工作坊中,我们可以创建特定的跨学科教学实例,教师们被分组来制订教学设计和评价方案,接着通过模拟教学和互评互议的方式,不断地优化评价方案。此外,我们也热衷于分享国内外在跨学科评价方面的成功实践,通过真实的教学环境,使教师直观地感受到跨学科评价对学生成长的正面作用,从而激发他们参与教育改革的热情和主动性。以美国某所中学为例,该学校通过实施跨学科项目式的学习方法,不仅在学科成绩方面取得了明显的进步,而且在团队合作和沟通表达等方面也有了显著的提升,这为教师展示了跨学科评价所带来的实际成效。

15.1.2 评价标准难统一

跨学科的评估涉及多个学科的专业知识和能力,制定评估标准时必须充分考虑每个学科的独特性和需求,这无疑提高了制定标准的复杂性。各个学科之间在知识结构、思考模式和评估焦点上都存在显著的差异。如何在这些差异中寻找一个均衡点,并制定出既能展现各学科独特性又能体现学生全面能力的评估标准,成为当前跨学科评估改革所面对的重大挑战。

以语文和数学这两个学科为研究对象,语文主要关注学生在语言表达、文学鉴赏以及情感体验方面的能力,而数学则更侧重于逻辑思维、计算技巧和问题解决能力的培养。在进行跨学科的评估时,设计一个与"城市规划"相关的项目,要评估学生在此项目中对语文和数学知识的应用,以及他们的综合能力发展,就必须建立一套既全面又细致的评估准则。如果仅根据学科知识的掌握水平来进行评估,可能会忽视学生在跨学科思考和团队协作等方面的实际表现;然而,如果评估准则过于笼统,那么很难准确地量化学生在不同学科领域内的学术成就。

为了解决这个问题,我们建议组建一个跨学科的评估专家团队。团队的成员构成应当涵盖各个学科的核心教师、教育领域的专家以及教育管理部门的代表人士。在制定评估标准的过程中,专家团队应深入融合教育的理论知识和实际操作经验,并广纳一线教师与教育研究人员的建议。首先,我们可以从各个学科的核心能力出发,整理出跨学科评估所需的关键技能和知识重点,然后根据这些要点来制定具体的评估指标和等级标准。例如,在对上述的"城市规划"项目进行评估时,可以从项目报告的编写和口头报告的语言表达等方面来制定评价指标;在对数学能力进行评估时,我们从数据的收集和分析,以及空间布局的计算等多个角度来制定标准。同时,评价准则需要具备实用性,以便在实际的教学过程中更容易地由教师执行和学生去理解。我们可以结合量化和质性的方法,对某些关键指标,例如报告的字数和数据分析的精确度,进行量化评估;对于一些难以用数字衡量的评价指标,如团队合作能力和创新思维,我们采用了描述性评价语言,并将其分为优秀、良好、合格和待改进等不同的评价等级。

15.1.3 评价实施复杂

实施跨学科评价涉及多个方面,包括教学内容的融合、教学方法的创新、评价工具的选择和评价结果的处理等。与传统的单一学科评价相比,这一过程的复杂性显著增加。在整合教学内容的过程中,教师应当跨越学科的界限,将各个学科的知识进行有机整合,从而设计出既综合又开放的教学方案。为了满足学生在跨学科学习中的各种需求,我们应该在教学方法上采纳多种教学策略,如项目式学习和问题解决学习。

举例来说,当进行一个以"环境保护"为核心的跨学科项目时,教育者需要融合科学、语文、美术和社会学等多个学科的专业知识。科学领域为我们提供了环境污染的基本原理和治理策略等相关知识;语文被应用于编写环境保护的宣传材料和研究报告;设计环保海报的责任落在美术身上;社会学科旨在引导学生深入探索环境议题与社会进步之间的联系。在教育方法方面,教师需要组织学生进行实地考察、小组讨论和角色模拟等多种活动。在选择评价工具时,我们既要采用传统的纸笔测试方法来评估学生对环保知识的掌握程度,同时也要利用档案袋评价系统来记录学生在项目实施过程中的表现,并通过小组间的互评来评价学生的团队协作能力。

为了增强评估的效率并简化评估的执行过程,构建智能评估平台被认为是一个行之有效的策略。智能化评价平台能够融合多种评价工具,如在线测试、作品展示和小组互评,从而实现评价流程的标准化和自动化。借助这一平台,教师能够轻松地发布他们的评价任务,而学生则可以在线上提交他们的学习成果。此外,系统还具备自动收集、分析评价数据的功能,并能够生成可视化的评价报告。例如,当学生完成环保项目的海报设计后,他们可以直接将其上传到平台。该平台会自动记录提交的时间,并根据预定的评价标准,如颜色搭配、创意表达和信息传达,对作品进行初步的评分,同时也为其他学生和教师提供了评价的入口,为了便于进行相互评估和对教师的评价。智能评估平台还能结合大数据和人工智能的先进技术,对学生的学习进度和成果进行持续的监控和深入分析,从而为教育者提供有针对性的教学建议和评估反馈。例如,在对学生在平台上的学习路径和答题表现进行分析后,如果发现有学生在环保知识的特定知识点上遇到了理解上的难题,该平台会自动为教师提供该学生的学习数据,并根据这些数据提供有针对性的教学建议,例如,推荐相关的教学资源或设计额外的练习。

15.2　教师、学校、政策层级的协同行动框架

跨学科的评价改革是一个综合性的项目,它需要教师、学校和政策各层面的共同努力,以实现协同效应。为了更清晰地界定各参与方在改革过程中的职责和任务,我们构建了一个名为"多方协同实施路线图"(3 年规划)的框架,这将有助于有序地推动跨学科评价的改革进程。

15.2.1　第一年:基础搭建

从教师的角度看,参与跨学科的教学和评估培训是他们的首要职责。培训课程应当涵盖跨学科教育的核心思想、实施方法和战略,以及用于跨学科评估的各种工具和技术手段。经过专门的培训,教师需要熟练掌握如主题式教学和项目式学习等基础的跨学科教学手段,以便能够设计出具备跨学科特性的教学活动。举例来说,教师在完成培训课程后,会以"节日文化"作为核心主题,构建一个跨学科的教学方案。该方案综合了语文课程中的节日诗词解析、美术课程中的节日主题绘画,以及音乐课程中的节日歌曲演唱等多个方面。此外,教师需要对各种评估工具,例如评价量表和档案袋评价等,有深入的了解,这样才能对学生的跨学科学习成果做出科学的评估。教师可以参与评价工具的实际操作练习,根据教学项目的不同

需求,设计合适的评价量表,并进行模拟评估,从而通过实际操作掌握评价工具的使用方法。

在学校的层次上,拟定跨学科评估改革的初步计划显得尤为关键。该方案需要明确指出学校在进行跨学科评估改革时的目标、职责以及具体的执行步骤。与此同时,制定了一系列相关的制度措施,例如,教师的激励机制和教学资源的保障机制,以此为跨学科的评价改革提供强有力的制度支撑。关于教师的激励机制,学校有权设立专门的奖励基金,以表彰和奖励那些在跨学科评价改革中表现出色并取得明显成果的教师。例如,每个学期都会评选"跨学科教学与评价优秀教师",并给予奖金、荣誉证书等奖励,同时在职称评定、评优评先等方面给予优先考虑。在确保教学资源的制度上,学校需要增加对跨学科教学资源的资金支持,并购买相关的教学材料、书籍和设备,我们为教师在进行跨学科的教学时提供了必要的物质支持。例如,购置跨学科的教学案例集合、科学普及读物、实验设备等,并建立跨学科的实验室、创意工作室等教学设施。

在政策层面上,制定鼓励跨学科评估改革的相关政策文件,是推进改革进程的关键支柱。政策文档应当明确指出跨学科评价改革在整个教育改革过程中所占据的核心地位,并激励学校与教育工作者积极参与跨学科评价的实际操作。与此同时,为了支持学校进行培训、研究和实践活动,我们提供了资金援助,并建立了一个跨学科的评价改革专项基金。举例来说,某个地区的教育机构发布了一项政策,要求每年从教育预算中划拨一部分资金,作为专门用于跨学科评估改革的基金,以支持学校在教师培训、课程设计和教学资源建设等方面的工作。除此之外,在政策层面上,还可以通过组织各种经验分享活动和评选模范学校等多种手段,来营造一个积极的改革环境,全方位地推进跨学科评估的改革进程。我们会定期组织跨学科的评价改革经验分享活动,邀请表现杰出的学校来分享他们的改革成果和经验,从而加强学校间的互动和学习。

15.2.2　第二年:深化实践

一旦教师掌握了基础的跨学科教学技巧和评估方法,他们就应该开始进行跨学科的教学实践活动。在教学实践中,教师需要持续改进评估方法,并根据学生的学习进展和他们的反馈,适时地调整评估的标准和技巧。例如,在基于项目的学习模式中,教育者可以提高过程性评估的重要性,并重视学生在项目执行阶段的团队合作、问题解决和创新思维的培养。我们采用了课堂观察、小组讨论记录和学生反思日记等多种方法,全方位地收集了学生的学习经历数据,并对他们的表现进行了全面的评估。

在教育机构的层次上,我们需要进一步完善评估计划并增强质量的监督。学校有能力召集专家来指导和评价教师在跨学科教学和评价实践中的表现,以便及时识别存在的问题并提出相应的改进建议。例如,定期邀请教育领域的专家到学校进行听课和评课,为教师在教学设计、教学手段和评估方法等方面提供全方位的指导。与此同时,我们也致力于建立和完善教学质量的监控机制,通过观察课堂、评估学生的作品以及调查家长的满意度,全方位地了解跨学科评价改革的执行成果。面对所遇到的问题,学校应当迅速动员教师进行深入的研讨和优化,以确保改革能够顺利进行。通过对家长满意度的调查研究,我们发现家长在跨学科评价方面的理解和支持程度仍有提升的空间,因此学校有可能组织针对家长的培训活动,为了增强家长的参与度和支持度,我们向他们解释了跨学科评价的核心思想和实施手段。

在政策层面上,制定评估标准的指导方针被视为引领改革走向的关键步骤。评价标准的指导方针应当融合各个学科的课程要求和跨学科评估标准,以明确各个学科领域和不同年龄层的学生在跨学科学习中的目标和评价准则。举例来说,对于小学的低年级学生,在制定跨学科的评估标准时,更应重视学生的学习热情、参与度以及基础的团队合作精神;对小学高年级的学生来说,重点在于评估他们的知识综合应用、批判性思考以及创新才能。与此同时,在政策层面上,我们需要加大对改革的监控和管理力度,以确保政策得到有效的实施和执行。通过周期性的检查和评价,能够及时识别出政策执行过程中可能出现的问题,并据此对政策进行相应的调整和完善。定期检查学校在跨学科评价改革方面的进展,对资金的运用和教师培训的成效进行全面评估,并根据这些评估结果来调整相关的政策和资金分配计划。

15.2.3 第三年:成果总结与推广

在经历了两年的跨学科的教学和评估实践之后,教师需要总结他们的教学和评估经验,并将其转化为实际的教学成果。教师有能力编写教学论文、编制教学案例集合、创建教学课件等,并可以将自己的实践经验和成果进行整理和分享。举例来说,教师会把自己在跨学科教学中的成功实践案例整理成教学案例集合,详尽地记录项目的设计思路、执行过程、学生的表现和评估结果,以便为其他教师提供参考。此外,教师有机会参与教学成果的展示活动,与其他教师进行深入的交流和学习,以共同提升跨学科教学和评估的质量。例如,可以参与区域内的跨学科教学成果展示活动,展示自己的教学课件、学生作品等,并与其他教师分享教学心得和体验。

在学校的层次上,我们需要构建一个完善的跨学科评估机制。评价体系应当涵盖评价的目标、内容、方法、标准以及如何应用评价结果等多个方面。评估体系需要具备科学、系统和实用的特点,以便能够全方位、客观和精确地衡量学生在跨学科领域的学习成就。例如,评估的目的是提高学生的全面素质和创新才能;评估的范围覆盖了知识与技巧、流程与策略、情感态度以及价值观等众多方面;为了评估,我们采纳了多种方法,这些方法涵盖了考试、作业、项目的成果以及课堂上的表现等方面;评估的标准被细化为具体的评估指标和级别描述;这些评估结果被广泛应用于学生的学术评估、教师的教学方法优化以及学校的教育管理等多个领域。与此同时,学校需要加大对跨学科评价体系的宣传和推广力度,确保教师、学生和家长都能充分理解评价体系的内容和意义,并积极参与评价活动。我们通过组织讲座、家长会议和校园宣传活动等多种方式,向公众推广跨学科的评价体系,旨在提升公众的认知和参与水平。

在政策层面上,对改革的成果进行评价和推广是实现协同发展的关键环节。在政策层面,我们可以召集专家来对学校的跨学科改革成果进行深入评估,并从中挑选出杰出的改革实例和示范性的学校。例如,可以通过专家的评审和实地考察等方法,挑选出在跨学科评价改革中表现突出的学校和案例,然后给予表彰和奖励。通过组织现场会议和经验分享活动等多种途径,我们致力于在更广泛的范围内推广优秀的研究成果,充分发挥其示范和引领作用,以促进全国范围内跨学科评价改革的深入实施。例如,可以组织其他学校前往示范学校进行实地参观和学习,同时邀请示范学校的教师和管理层分享他们的经验,以促进教育改革的成果得到更广泛的传播。与此同时,在制定政策时,我们需要基于改革的实际操作经验,对相关的政策和制度进行进一步的完善,确保为跨学科的评估改革提供持续的政策支撑和保障。基于改革中识别出的各种问题和需求,我们调整了政策方向,增加了资金支持,并完善了教师培训机制,以促进跨学科评价改革的持续和深入发展。

15.3　面向 2035 的教育评价生态展望

15.3.1　评价改革障碍诊断工具

为了协助学校和教师更深入地探讨跨学科评价改革的优点、缺点、机遇和潜在风险，开发"评价改革障碍诊断工具"（SWOT 分析矩阵）显得尤为关键。经过深入而全面的研究，学校与教师可以更为明确地了解自己的定位，并据此制定有针对性的成长策略。

从优势的角度看，学校的创新环境成为推进跨学科评估改革的关键驱动力。在一个充满创新氛围的学校环境中，教师和学生更有可能接纳新的教育观念和教学手段，从而更加主动和积极地参与到跨学科评价改革的进程中。举例来说，许多学校长时间致力于培育学生的创新思维和实际操作技能，他们组织了种类繁多的科技创新和社团活动，为跨学科的评估改革打下了坚实的基石。当这些学校的学生面临跨学科的项目时，他们展现出了更高的热情和创新能力，能够迅速地适应新的学习和评估方法。教师的工作热情也构成了改革的一个显著优点。在教师对跨学科评估改革持有强烈的热忱和自信的情况下，他们将更加积极地寻求和学习新的教学策略和评估方法，并热心地参与教学活动。例如，某所学校的教师主动组建了一个跨学科的教学研究团队，他们在空余时间里研究各种跨学科的教学实例，并尝试制定新的评估策略，这为学校的跨学科评估改革提供了强大的后盾。

在劣势上，许多学校都面临着专业评价人才短缺的显著问题。进行跨学科的评估时，评价者需要拥有跨学科的知识和技能，这样他们才能从多种视角对学生的学习效果进行全方位和公正的评估。尽管如此，目前绝大部分学校的教师大多具有单一的学科背景，他们在学习评价理论和方法方面存在明显的不足，这使得他们难以满足跨学科评价的实际需求。举例来说，在对一个跨学科项目进行评估的过程中，教师可能仅专注于他们所教授学科的知识掌握水平，而可能忽视对其他学科的知识应用和对学生综合能力的培养。资源的短缺同样是影响改革进程的关键障碍。为了进行跨学科的评价改革，我们需要大量的教学资源，包括但不限于教材、图书、设备和教学场地。由于资金短缺，部分学校不能购买充足的教育资源，这导致了跨学科的教育和评估活动难以流畅进行。例如，在一些边远地区的学校，由于缺少进行跨学科实验所需的设备和资料，这限制了跨学科教育的深入和广泛应用。

从机会的角度看，政策的支持为跨学科的评估改革提供了坚实的后盾。各级国家和地方政府已经发布了一系列旨在激励教育改革的政策文档,其中明确指出需要加强对跨学科教育和评估的重视,以便为学校和教师在进行跨学科评价改革方面提供必要的政策支持和财务援助。举例来说,某些地方政府成立了专门的跨学科教育基金,这些基金旨在资助学校进行跨学科的教学和评估研究,并激励教师参与各种培训和交流活动。随着技术的进步,跨学科的评价改革也迎来了新的发展机会。伴随着信息技术的迅猛进步,教育领域中大数据、人工智能和虚拟现实等技术的使用变得日益普遍。这套技术为跨学科的评估提供了更为丰富和多样的工具与方法,需要增强评估的科学依据和精确度。例如,通过应用大数据技术,我们能够对学生的学习进度和成果进行实时的观察和分析,从而为教育工作者提供定制化的教学建议和评估反馈;通过运用虚拟现实技术,我们能够构建出逼真的教学环境,使学生能够在这样的虚拟空间里进行跨学科的学习和实践活动,从而增强学生的学习热情和参与度。

在威胁的层面上,传统的思维方式成为跨学科评估改革所面对的主要挑战之一。多年来,由于应试教育模式的影响,社会、家长以及教师在评价学生时主要依赖考试成绩,过分强调学生对学科知识的掌握,而忽略了对学生综合素质的全面培养。这样的传统观点在某种程度上制约了跨学科评估改革的进展。例如,部分家长担忧跨学科的评估可能会对学生的升学表现产生不良影响,对于跨学科的评价改革,人们持有疑虑;有些教师由于受到传统教学理念的限制,不太愿意尝试新的教学方法和评估方式,对跨学科评价改革缺乏积极性。

对改革不确定性的评估同样构成了一个显著的风险。跨学科的评价改革是一个创新的研究领域,至今我们还没有找到一个完全成熟的经验和模型可以参考。在教育改革的旅程中,我们可能会碰到各种出乎意料的挑战和问题,例如,评估标准的不一致性、评估手段的非科学性以及教学成果的不尽如人意。这些不稳定的元素可能会对学校和教育工作者产生某种程度的心理负担,从而削弱他们进行改革的信心和决心。

基于上述的分析,学校与教师都可以拟定合适的成长策略。例如,为了解决专业评价人才不足的问题,学校可以与大学或其他专业教育机构合作,实施人才培养方案。为了增强教师的评估技能和专业修养,我们可以选择派遣教师参与高等教育机构的专业培训,并邀请领域内的专家到学校进行专业指导和演讲。为了应对传统观念所带来的挑战,我们可以通过组织教育讲座、家长学校等多种活动,加大对教师、家长及社会的宣传力度,改变传统观点,从而为改革创造一个积极的环境。与此同时,教育机构和教育工作者需要主动面对评价改革中存在的不确定因素,加强对其的深入研究和探讨,持续吸取以往的经验和教训,并适时地调整改革战略,以确保改革能够顺利地进行。比如,周期性地组织教师进行教学反思,总结和分析跨学科评价改革过程中遇到的问题,并共同探索解决方案。

15.3.2　2035 教育评价生态全景图

2035 教育评价生态全景图向我们揭示了未来教育评价生态中各个系统之间的密切互动和协同效应。在这一生态环境里,学生被视为中心参与者,他们的学习旅程和所取得的成果受到了教师、学校、家庭、社会以及技术各方面的综合作用。

在教学活动中,教师利用各种技术工具,如人工智能辅助教学系统,来为学生提供定制化的学习辅助和评估反馈。人工智能辅助教学系统能够根据学生的具体学习需求和特性,为他们量身打造个性化的学习方案和课程内容,同时提供有针对性的指导和实践练习。例如,当系统分析学生过去的作业、考试数据和课堂表现记录时,如果发现某学生在数学函数部分有理解困难,系统会自动推送相关知识点的讲解视频和专项练习题,然后在学生完成练习后,迅速给出详细的解答和分析,帮助学生找出遗漏之处。此外,该系统还能够对学生的学习进度和成果进行实时的观察和分析,以便及时识别出学生存在的问题和不足之处,同时,为教师和学生提供了宝贵的反馈和建议。教师有能力根据收到的反馈来调整他们的教学方法,进一步完善教学流程,从而提升教学的整体品质。

学校致力于完善其管理体系,融合家庭与社会的各种资源,旨在为学生打造一个多样化的跨学科学习氛围。学校有能力组建一个跨学科的教学研究团队,并组织教师进行跨学科的教学和评估研究,以寻找最适合本校学生的跨学科教学策略和评估手段。例如,学校会定期安排跨学科的教学研讨活动,激励来自不同学科的教师分享他们的教学心得和经验,共同策划跨学科的教学方案。与此同时,学校需要深化与家庭及社会的合作关系,确立家庭与学校的协同机制以及社会的参与策略。通过举办家长开放日和亲子活动等多种形式,使家长能够更全面地了解学校的教育和教学活动,并积极参与到学生的学习和评价过程中。学校也有机会与企业、社区以及其他社会组织进行合作,实施实践性的教学活动,以便为学生创造更多的实践可能性和资源。作为一个例子,我们与当地科技馆进行了合作,共同开设了科技实践课程;通过与社区的紧密合作,我们鼓励学生参与社区的研究活动,从而提高他们的社会责任意识和实际操作技能。

家庭成员在学生的学习旅程中起到了积极的作用,并与学校合作进行评估活动。家庭为学生提供了成长的首要场所,而家长的教育理念和行为方式对学生的学业和个人成长产生了深刻的作用。家长需要确立正确的教育理念,关心学生的全方位成长,并与学校积极合作进行跨学科的教育和评估活动。举例来说,家长有机会与学生共同参与各种社会实践活动,以此来培育学生的社会责任意识和实际操作技能;家长有机会参与学校所组织的各种评估活动,包括但不限于家长的评价和亲子之间的相互评价,以便为学生提供多样化的评价反馈。在家长与孩子的互评活动中,家长有机会从孩子的日常生活自理能力、学习态度以及道德修养等多个维度来对其进行全面评估,孩子也有机会评估家长在陪伴学习和沟通技巧等领域的表现,从而推动双方共同进步。

社会为学生创造了各种实践的机会和资源,如在企业进行实习或在社区进行研究。社会为学生提供了一个广阔的成长平台,为他们创造了众多的实践机遇和资源。企业有能力为学生提供实习的机会,使他们在实际操作中更好地了解行业的发展趋势,掌握所需的专业技术,并培育其职业修养。比如,专攻计算机的学生有机会在互联网公司进行实习,参与各种项目的开发,并对行业的尖端技术和工作流程有深入的了解。社区有能力组织学生进行社区研究和志愿服务等多种活动,以便让学生更深入地了解社会现象、关注社会问题,进一步培养他们的社会责任感和公民意识。例如,组织学生对社区垃圾的分类状况进行深入研究,并给出针对性的改进建议,从而通过具体的实践为社区的进步做出贡献。

在整个评价生态中,技术起到了关键的支持作用,无论是学习数据的收集、分析还是评价结果的展示,都离不开技术的助力。在学习数据的收集过程中,借助物联网和传感器等先进技术,我们能够实时地收集学生在课堂、课外和实践活动中的各种学习数据,如学习的时长、进度和行为模式。在对学习数据进行分析的过程中,通过运用大数据分析技术和人工智能算法,我们能够对收集到的学习数据进行深入的挖掘和解析,从而揭示出学生的学习模式和特性,并为教育工作者提供个性化的教学建议和评估反馈。在展示评价结果的过程中,通过运用可视化技术,教师、学生和家长都能以直观和形象的形式看到评价的成果,为了让他们更好地掌握学生的学习状况和未来发展方向。例如,利用雷达图可以清晰地展示学生在各个学科和综合能力上的表现,使学生和家长都能轻松理解。

15.3.3 跨学科评价资源索引

该索引汇集了大量的资料,为读者创造了一个方便的查找路径。政策库整合了来自国家和地方的跨学科教育评估的相关政策文档,以帮助学校和教育工作者更好地理解政策方向。政策文档为教育改革提供了关键的参考依据。学校和教育工作者需要密切关注政策的最新动态,并深入了解国家和地方政府对于跨学科教育评估的具体要求和支持措施,以便更有效地推进跨学科教育评估的改革。例如,在中共中央、国务院发布的《关于深化教育教学改革全面提高义务教育质量的意见》中,明确指出了需要"积极研究基于学科的课程综合化教学方法,实施跨学科主题教学",这为学校和教师在进行跨学科教学和评估时提供了有力的政策支持。

这个工具库包括了多种评估工具,如评价量表、数据收集软件,为评估实践提供了技术支持。评价量表作为评估学生学术成就的关键工具,针对不同学科和评价主题需要采用各异的评价工具。例如,在进行跨学科的项目学习时,我们可以采用项目评估工具,从项目的目标实现、团队合作、解决问题的能力以及创新思维等多个角度来对学生的项目成果进行全面评估。数据收集软件能够协助教师迅速且精确地收集学生的学习信息,从而提升评估的效率。例如,通过在线学习平台的数据分析工具,我们能够实时收集学生的各种学习行为数据,包括但不限于登录频次、学习所需时间以及作业完成状况等。

案例库汇集了众多来自国内外的跨学科学习评估的成功实例,涵盖了项目的设计、执行过程以及评估成果,旨在为教育工作者提供实际的参考资料。教育者可以通过学习和参考国内外的成功实践,深入了解跨学科学习评估的实际操作和经验,从而拓展思维,并创新其教学和评估方法。以美国的 High Tech High 学校为例,它们主要采用项目式的教学方法,进行跨学科的教育和评估,这种方法已经取得了很好的效果。这所学校的成功实践为我国各学校在进行跨学科评估改革时提供了宝贵的参考。该项目的设计思路与日常生活紧密相连,例如,鼓励学生设计并制造小型太阳能驱动的汽车,在此评估过程中,我们整合了物理、工程、数学和艺术等多个学科的知识,并特别强调学生在项目执行中的整体表现,这包括团队合作、问题的解决和创新思维的呈现。

读者可以依据自己的具体需求,迅速地确定所需的资源,并进一步推进跨学科评价的深度改革。举例来说,当学校在拟定跨学科的评估改革计划时,他们可以参考政策库里的相关文档,深入了解政策的具体要求和所需的支持手段;在挑选评估工具的过程中,你可以参照工具库里的评价量表和数据收集软件,以便根据评估的具体内容和目标来挑选最合适的工具;在构建跨学科的教学方案时,我们可以参考案例库里的成功实例,并结合我们学校学生的具体需求,来设计独特的教学内容。

15.4　全书总结与展望

本书以跨学科学习评价为核心,进行了全方位和深入的分析。从评价的核心思想和政策背景出发,逐渐构建了一个全面的评价框架,该框架包括评价目标、内容、方法体系的构建,以及评价标准的细化。通过深入分析各个学科的整合和评估实践,揭示了跨学科学习评估在多个学科领域中的实际应用。此外,文章还深入探讨了技术赋能评价工具的创新、教师能力的培养、学生评价的机制、家庭与学校的协同评价模式,以及校本化评价体系的开发和实施等核心议题。同时,还讨论了跨学科学习评价中的伦理问题、国际案例研究和经验借鉴,并展望了智能时代评价范式重构的未来方向。

跨学科的学习评估被视为教育改革的核心方向,它在培养学生的全面素质、创新思维和对社会的责任感方面起到了至关重要的作用。在将来的教育实践活动中,有必要持续深化对跨学科学习评估的研究和实际应用。一方面,我们需要深化理论探索,进一步优化评估体系,确保其更具科学性、合理性和全面性。例如,对学生在跨学科学习中的认知发展模式进行深入探讨,并在此基础上改进评估标准和手段,以确保评估能够真实地展现学生的学习效果和能力进步。另一方面,我们应该重视实际操作和探索,激励学校与教师积极地进行跨学科的学习评估,持续地总结经验并探索新的方法。学校有能力周期性地组织教学实践的研讨活动,以分享其成功的经验和教训,携手解决在实际操作中碰到的难题。与此同时,我们需要强化各个方面的合作,以形成教育的综合力量,共同促进跨学科学习评估的进步。教育管理部门、教育机构、教育工作者、家长以及社会的各个层面都应该深化他们之间的交流和合作,以确保为学生提供一个优质的跨学科的学习和评估环境。我们坚信,在教育者、政策决策者以及社会各领域的齐心协力之下,跨学科的学习评估将在小学教育中起到更为关键的角色,为培育能够适应未来社会需求的创新人才打下坚实的基础。

后　记

在完成《跨学科学习评价的理论与实践》这本书的漫长而艰辛的过程中,我深刻地体会到这不仅是一次学术研究的探索,更是一段充满挑战与收获的个人成长旅程。跨学科学习评价作为教育领域中极具前沿性和复杂性的话题,其重要性不言而喻,它关系教育质量的提升、人才培养的方向以及教育改革的推进。正是这种重要性和复杂性,促使我不断地深入探索、反复思考和精心总结,力求在书中呈现出对这一领域较为全面和深入的理解。

从最初对跨学科学习评价这一领域产生浓厚的兴趣,到开始广泛收集和研读相关的理论文献和实践案例,再到逐步构建起本书的整体框架并填充具体内容,每一个环节都凝聚了无数个日夜的辛勤努力和心血。在这个过程中,我不断地面临着新的问题和挑战。例如,如何整合不同学科的理论知识来构建评价的理论基础,如何在实践案例中准确地提炼出具有普遍适用性的经验和方法,以及如何使本书的内容既具有学术性又具有实践指导意义。

然而,正是通过不断地克服这些困难和挑战,我不仅对跨学科学习评价的理论基础有了更为深入和系统的理解,也对其在教育教学实践中的应用有了更加全面和细致的认识。我深刻地认识到,跨学科学习评价不仅仅是一个理论问题,更是一个需要紧密结合教育实践的实际问题。它需要我们在理论的指导下,不断地探索和创新,以适应不同的教育情境和学生的需求。

在这里,我要衷心地感谢众多教育领域的专家、学者和一线教师。他们的研究成果和实践经验为本书的撰写提供了丰富而宝贵的素材,他们的智慧和见解为我在研究过程中指明了方向。无论是那些经典的学术著作,还是他们在教育实践中积累的宝贵经验,都让我受益匪浅。同时,我也要特别感谢那些在跨学科学习评价实践中积极探索和勇于创新的学校和教师。他们的努力和尝试为我们提供了许多生动而具体的案例,这些案例不仅丰富了本书的内容,也为其他教育工作者提供了可借鉴的宝贵经验。

尽管本书对跨学科学习评价的理论与实践进行了较为系统和全面的阐述,但我深知,由于跨学科学习评价这一领域仍处于不断发展和完善的动态过程中,书中的观点和内容难免存在局限性和不足之处。

在技术赋能评价工具的应用方面,随着信息技术的飞速发展,新的评价工具和方法层出不穷。本书虽然对一些当前较为先进的技术,如大数据、AI、VR 等在评价中的应用进行了探讨,但可能无法及时涵盖所有最新的研究成果和应用案例。例如,随着人工智能技术的不断进步,一些更加智能化、个性化的评价工具正在不断涌现,如何将这些新技术更好地应用于跨学科学习评价中,还需要我们进一步研究和探索。

在评价公平性的保障策略方面,尽管本书提出了一些思考和建议,但在实际操作中,如何确保评价的公平性是一个复杂而又具有挑战性的问题。不同地区、不同学校、不同学生之间存在差异,如何在评价过程中充分考虑这些差异,避免因评价标准的不合理或评价过程的不公正而导致的不公平现象,还需要我们进一步深入研究和实践探索。

此外,跨学科学习评价的实施涉及教育理念、教学方法、教师素养、学生特点等多个方面的因素。如何在不同的教育情境中,根据具体的教育目标、教学内容和学生需求,有效地应用评价框架和方法,还需要我们根据实际情况进行灵活的调整和优化。这就要求我们在实践中不断地总结经验,不断地完善评价体系,以提高评价的有效性和适应性。

我衷心地希望本书能够起到抛砖引玉的作用,引发更多教育工作者、研究者对跨学科学习评价这一重要领域的关注和深入思考。我期待着与更多的同行一起努力,共同推动我国跨学科学习评价的理论研究和实践探索,不断完善跨学科学习评价体系,使其更加科学、合理、有效。

同时,我也真诚地期待广大读者能够对本书提出宝贵的意见和建议。无论是对书中观点的质疑,还是对内容的补充和完善,都将对我今后的研究和修订工作起到重要的指导作用。我相信,在大家的共同努力下,我们一定能够不断地提高跨学科学习评价的质量和水平,为我国教育事业的发展做出更大的贡献。

教育评价改革是一项长期而艰巨的系统工程,跨学科学习评价作为其中的重要组成部分,任重而道远。我坚信,在教育界同仁共同努力下,我们一定能够构建起更加科学、合理、有效的跨学科学习评价体系,为培养具有创新精神和实践能力的高素质人才,为推动我国教育事业的蓬勃发展做出更大的贡献。